清代法律多元一体格局下央地关系的平衡与共治研究

尹巧蕊◎著

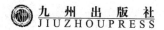九 州 出 版 社
JIUZHOUPRESS

图书在版编目（CIP）数据

清代法律多元一体格局下央地关系的平衡与共治研究 /
尹巧蕊著． -- 北京：九州出版社，2023.10
ISBN 978-7-5225-2205-0

Ⅰ．①清… Ⅱ．①尹… Ⅲ．①法制史－研究－中国－
清代 Ⅳ．① D929.49

中国国家版本馆 CIP 数据核字（2023）第 182313 号

清代法律多元一体格局下央地关系的平衡与共治研究

作　　者	尹巧蕊 著
责任编辑	周红斌
出版发行	九州出版社
地　　址	北京市西城区阜外大街甲 35 号（100037）
发行电话	(010)68992190/3/5/6
网　　址	www.jiuzhoupress.com
印　　刷	北京四海锦诚印刷技术有限公司
开　　本	787 毫米×1092 毫米　16 开
印　　张	12.5
字　　数	190 千字
版　　次	2024 年 4 月第 1 版
印　　次	2024 年 4 月第 1 次印刷
书　　号	ISBN 978-7-5225-2205-0
定　　价	88.00 元

目　录

绪　论

一、研究的缘起

纵观中国传统社会发展的历史长河，中央与地方的关系变迁、机制调控、权力统合等总体上遵循"大一统"的基调，但同时不同社会阶段的现实条件或历史机遇，使得央地关系的具体状态与制度安排并非一成不变，往往呈现出因势利导的经验智慧、多元一体的历史表征。

立足中国现代社会进程的制度构建，中央与地方的关系发展、政策创新、资源配置等必然趋向法治化模式，同时兼具激发地方治理活力的多样性并有效释放配合中央治理统一化目标的效能，彰显着央地关系在现代社会发展中依然具有多元一体的时代烙印。

事实上，无论历史的车轮驶向何方，任何国家在其发展过程中始终需要面对并适时调控不同层级政府机构间或权力组织部门间就有关国家治理资源、治理方略应如何正当配置、有力释放等现实问题。更进一步讲，凡是涉及央地关系中，权力来源归属与行使界限等问题，就需要进入依托法制规范的静态标准、法治运转的动态循环的治理话语体系中，因为一切权力都应在"制度的笼子里"，而法律的"制"与"治"则是其应有之义。

在漫漫历史长河中，有清一代的国家治理所面对的社会条件，不仅因为多民族汇聚使得民族关系复杂程度与既往历代王朝相较而言更为严峻，而且因为蒙古地方诸部所占据的区位特点与地缘实力而形成与中央统一权力集团——清廷之间的"差序博弈"关系，由此，清代蒙古朝贡法律制度应运而生。

清代蒙古朝贡法律制度是中国历史上最后一个封建帝制王朝所建立的法律制度之一，该制度的生成正是基于清代央地关系复杂化的历史现实，所体现的正是由多民族文化共需、共筑的法律多元现象，所解决的正是清廷中央将蒙古地方诸部陆续纳入"大一统"的治理过程。这就使得清代蒙古朝贡法律制度的存在与实施，富有衔接央地关系互动、权衡满蒙关系平稳的历史必要性，乃至在客观意义上释放了借助蒙古地方诸部力量促进、巩固清廷"大一统"的共治效应。可以说，清代蒙古朝贡法律制度的生成与发展，既凸显了清代央地关系所具有的复杂社会成因与独特发展逻辑，又承载着法律多元一体化格局所依托的一系列治理措施所希冀实现的平衡机制与共治效能。

据此，本书就以清代蒙古朝贡法律制度为研究入口与论证实例，围绕该制度是如何在清廷中央与蒙古地方诸部的互动中驭势而治的法律制度史，着眼于阐释该制度的建立原因、梳理该制度的发展过程、评述该制度的主要内容、分析该制度的实施状况、检视该制度的功效发挥等多个方面，系统化、全方位地展现清代蒙古朝贡法律制度调整央地关系的鲜明化、突出性特点。同时，深入剖析在清廷中央对蒙古地方实施调控过程中，该制度在哪些方面发挥了平衡机制的协调作用从而产生了积极效应，又在哪些状况下未能适时适度地释放央地共治的并举效能从而产生了消极影响，最终说明多民族文化的融合是法律多元一体化格局生成的社会土壤。

基于以上论证基础，本书立足于客观评价及总结清代朝贡法律制度的历史性启示与实践性反思，阐释法律多元一体化如何对央地关系发展产生差异性影响，并提出衍生性思考。

二、相关研究动态

（一）有关央地关系方面的研究概述

中央与地方关系的相关研究可谓汗牛充栋，无论是理论预设还是实证层面，都汇集了从政治学到法学、从历史学到社会学、从经济学到人类学等不一而足的研究思路与学说评论。目前，得到较广泛认同的研究进路一般从这几个取向展开。

一是依据国家结构形式，侧重于通过中央政府与地方政府在国家法律中的地位、作用及各自关系来区分中央与地方的关系，在国家结构形式的理论框架内，中央与地方关系的类型基本可以分为单一制与联邦制两类。其中，单一制作为一种具有悠久历史传统的国家结构形式，从发生学的角度来看，是先有中央，后有地方，在中央政府与地方政府之间依法进行权力的分配而形成的一种比较紧密的国家结构形式，其所具有的一般性特点为：国家由中央政府代表行使单一的主权；国家只有一部宪法和统一的法制；公民具有统一的单一国籍；地方服从中央的领导（或指导）和监督等。① 现代以来，基于民主理念，单一制国家通过宪法和法律扩大地方自治权以克服中央集权的僵化体制，地方自治成为普遍流行的趋势，更加激发了地方的活力，保证了人民的自由与平等权利。而联邦制国家，联邦政府为了平衡地区间的发展差异，维护国家的稳定和安全，通过修宪发展出越来越多的监控地方的权力和手段，联邦政府的权威呈现加强、集中的新趋势。事实上，现代国家无论是倚重单一制还是采用联邦制，这两种国家结构发展的新趋势已经在一定程度上拉近了彼此的距离，使其区分更多地仅具有发生学上的意义，而其实质内涵正趋向于融合和统一。

二是从博弈论角度出发，将中央与地方关系视为基于各自利益选择与争取的系统性权力博弈，当然这一视角同时又与传统意义上的博弈论有所不同。最为明显的差异在

---

① 周叶中：《宪法》（第二版），北京：高等教育出版社，2005年版，第237页。

于，应用于中央与地方关系问题上的博弈论思路，是一种相对温和而又具有不平等性或差序格局的博弈关系，"温和"是指中央与地方之间并不存在利益完全对立或者冲突不可调和的状态，"不平等"或"差序化"则是指在信息、职权不对称或发展进度有差异的现实状况下，博弈规则往往由中央政府单方面制定，地方常常缺乏应有的参与机会或决策能力，双方博弈初始条件悬殊从而导致博弈结果于终端显现出明显的不平衡或不尽如人意。

三是基于集权与分权理论，根据中央政府与地方政府之间的权力分配，将中央与地方关系分为中央集权、地方分权两类基本形式，且央地关系必然不断地动态调整，以保持集权与分权的相对平衡。

同时，鉴于中国传统文化对政治现实具体走向的巨大影响，学界多有学者始终关注中国古代传统政治体制特点所决定的中央与地方关系。关于中央与地方关系的产生，李治安认为我国的中央与地方关系产生于夏朝，因此在该时期内出现了统一的中央政权和中央辖属的地方政权。[①] 薄贵利则认为，春秋时期才出现了最早的中央与地方关系，但对后世产生重大影响的则是秦朝确立的郡县制及在此基础上形成的中央与地方关系。[②] 张永理甚至极为系统、翔实地考察了中国古代行政区划的演变路径、动力机制、利弊优劣等，力主应在历史经验及教训的基础上，更加理性、审慎地看待当前央地关系的规范化体制改革，尤其提到"清代地方行政管理主要是督抚制度、守巡道制度和知府制度等，……由于是多民族国家，在清中央设立理藩院，作为管理边疆少数民族地区的机关，其职务主要是掌管内外蒙古、青海、新疆、西藏等地区的蒙、回、藏族事务，诸如政令、爵禄、朝会、刑罚等。在民族行政区域方面，清朝平定准噶尔叛乱后在外蒙先后设立乌里雅苏台将军、科布多参赞大臣，掌管喀尔喀蒙古军政大权"。[③] 周振鹤通过研究

---

① 李治安：《唐宋元明清中央与地方关系研究》，天津：南开大学出版社，1996年版，第7页。

② 薄贵利：《中央与地方关系研究》，吉林：吉林大学出版社，1991版，第88页。

③ 张永理：《我国行政区划层级历史变迁——兼谈其对省管县体制改革的启示》，《北京行政学院学报》，2012年第2期，第6页。

两千年来地方层级的变迁，较为深刻地揭示了中央与地方关系变迁的过程，指出历史的环境变化决定了如何处理中央与地方关系。①

（二）有关清代蒙古朝贡法律制度方面的研究概述

首先，清代蒙古朝贡法律制度既是传统中国社会法律制度的组成，又是对中国古代法律思想文化的具体再现，与其相关的法学研究内容主要包括两方面。

一是有关中国古代法律思想史及相关法律文化的研究。如杨鸿烈的《中国法律思想史》、张晋藩的《中国法律的传统与近代转型》、武树臣的《中国法律思想史》及其主编的《中国传统法律文化》、梁治平的《寻求自然秩序中的和谐》、曾宪义、范忠信编著《中国法律思想史研究通鉴》、梁漱溟的《中国文化要义》等著作，这些著作从中国古代社会法制发展与演变的历史中梳理了中国传统法律思想文化的丰富内涵。而从中国整个封建社会的法制发展意义上讲，清代蒙古朝贡法律制度从其产生初期到具体操作与运行的整个过程，都必然受中国古代传统法律思想文化的深刻影响，那么，这些有关中国古代法律思想文化的研究成果，将为我们从整个中国古代社会的法制文化中认识、把握清代蒙古朝贡法律制度形成与发展的理论渊源，提供坚实的思想文化基础。

二是与本书相关的清代蒙古法制研究。在体例安排上大体分为两种类型。

一种是把有关清代蒙古地区的法制内容放在整个清代法制发展史中进行研究，最典型的就是张晋藩的《清代法制史》，书中将清朝在蒙古地区创制与实施的法律制度按入关前与入关后进行划分，较为全面地概括了清代蒙古地区法制发展的整体状况，虽然对清代蒙古朝贡制度的论述有限，但仍说明了清代蒙古朝贡法律制度是清代法制发展尤其是蒙古地区法制发展的重要内容。

另一种是把有关清代蒙古地区的法制问题作为清代少数民族法制发展的专门性问题

---

① 周振鹤：《中央地方关系史的一个侧面（上）——两千年地方政府层级变迁的分析》，《复旦学报（社会科学版）》，1995 年第 3 期，第 151 页。

进行研究，相关研究的著作有乌力吉陶格套的《清至民国时期蒙古法制研究——以中央政府对蒙古的立法及其演变为线索》、奇格的《古代蒙古法制史》、苏钦的《中国民族法律制度研究》、徐晓光的《清代蒙藏地区法制研究》、李鸣的《中国民族法律制度史论》、刘广安的《清代民族立法研究》、杜文忠的《边疆的法律——对清代治边法制的历史考察》等。相关研究的论文有杨选第的《论清朝对蒙古地区的立法》和《从"理藩院则例"析清朝对蒙古地区立法特点》、奇格的《清朝时期的蒙古法》、徐小光的《蒙古立法在清代法律体系中的地位》、赵云田《蒙古律例和理藩院则例》、达力扎布《"蒙古律例"及其与"理藩院则例"的关系》等，这些研究成果从不同角度把清代的蒙古法制发展问题放在清朝少数民族法制发展框架下进行翔实论证，这说明作为清代蒙古法制内容的蒙古朝贡法律制度应该是清代少数民族法制史研究的重要内容。

有关清代蒙古法制的研究内容为更好地把握清代蒙古朝贡法律制度在整个清代法制发展史中的地位与意义提供了较为清晰的法制理论基础，但是目前针对蒙古朝贡法律制度的专项性法律研究尚待丰富与充实。

其次，有关清代满蒙民族关系及蒙古社会自身发展问题的主要研究。著作有日本学者田山茂《清代蒙古社会制度》、肖一山《清代通史》、滕绍箴《满族发展史初编》、刘小萌《满族的部落与国家》、张永江《清代藩部研究——以政治变迁为中心》、卢明辉《清代蒙古史》、苏联学者符拉基米尔佐夫的《蒙古社会制度史》、赵云田《清代治理边陲的枢纽——理藩院》、史筠《民族事务管理制度》、余梓栋《清代民族政治研究》等著作；相关论文有佟佳江《清朝统治蒙古的体制——八旗蒙古、外藩蒙古、内属蒙古》、张永江《论清代漠南蒙古地区的二元管理体制》、成崇德《清代前期边疆政策通论》、王钟翰《理藩院与蒙古》、蔡志纯《清朝理藩院掌管蒙古事务初探》、刘小萌《满族肇兴时期所受蒙古文化的影响》、李大龙《关于藩属体制的几个理论问题——对中国古代疆域发展的理论解释》、余梓东《论后金政权民族政策的形成》、陈安丽《论康熙对蒙古政策产生的历史背景和作用》、穆鉴臣《试论清朝治理东蒙古的政策和措施》、苏德《清代前期民族关系探述——以清政府与蒙、藏、新等民族地方的政治关系为中心》、汤代佳

《青海厄鲁特蒙古与清朝早期关系述略》等。

有关清代满蒙民族关系及蒙古社会自身发展等问题的著作与论文，为研究清代蒙古朝贡法律制度为何能够建立、如何建立及建立的政治目的、法律意义、社会作用等方面，提供了丰富的背景知识与多视角的分析路径。

最后，关于朝贡制度研究，相关著作有李云泉《朝贡制度史论》等；有关朝贡制度的论文有，赵云田《清代的"围班"制度》、喻长森《试论朝贡制度的演变》、晏子有《清朝外藩封爵制度》、梁凯《晚清华夏秩序的解体——兼论"朝贡"关系的终结》、沈春英《略论清朝朝贡体系》、祁美琴《对清代朝贡体制地位的再认识》、红霞《清代喀尔喀蒙古王公的朝觐制度述略》、苏红彦《试析清代蒙古王公年班的创立与发展》、张双智《清朝外藩体制内的朝觐年班与朝贡制度》、权赫秀《中国古代朝贡关系研究评述》、沈春英《略论清朝朝贡体系》等。这些论文从不同角度对朝贡制度予以介绍与分析，有的是针对清朝运用朝贡制度模式处理与周边国家的外交或贸易往来问题，有的侧重于说明清朝运用朝贡制度作为稳定国内少数民族地区的重要政治手段，还有的对有关朝贡制度产生的文化理论进行了评析。

综合而言，上述学术成果为本书研究提供了丰富且重要的参考资料，开阔了研究主题的思路，拓宽了理论探讨的视角，强化了对央地关系从历史到现实，从政治到经济，从法律到人文，从国内到国际的全方位、多领域的进一步理解与认知。

但是，专门针对清代蒙古朝贡法律制度的系统性、深入性的法学类型研究，还有值得进一步挖掘与钻研的空间，如有关清代蒙古朝贡法律制度是如何建立并如何逐步实现法制成熟化发展的法史学研究，对清代蒙古朝贡法律制度如何有效发挥法的社会控制力的法社会学研究，清代统治者为何采取蒙古朝贡法律制度控制蒙古地区并如何具体依法处理满蒙民族关系和实现清廷中央对蒙古地方的法制统治等问题的研究。诸如此类的法学问题研究能够促使我们更深刻地认识到，清代蒙古朝贡法律制度既是一项重要的政治制度，也是一种具有可操作性的法律制度，还是一种央地关系调整政策。它既是清代政治统治的必然需要，也是清代社会依法治理中央与民族地方关系的集中表现。因此，着重从法律制度规定的内容中去分析清代蒙古朝贡制度，并强调以法学视角及方法去探索性地研究蒙古朝贡制度在清代社会发展中的央地协调功能与作用是很有必要的。

三、相关研究方法

在研究方法上，著者综合运用政治学、法学、历史学、文化学、社会学、民族学等多种学科的理论框架与知识体系，重点采用历史文献梳理、案例分析、法律解释等研究范式，对本书相关议题进行阐述、论证、解释、说明及总结。其中，对于朝贡制度本身的历史脉络、清代实现对蒙古统治等问题，多采用历史文献梳理的方法进行研究；对于蒙古朝贡制度的形成与发展，蒙古朝贡法律制度在清代社会中的实效性问题与社会控制力问题，蒙古朝贡制度作为清代一项针对民族地方的立法的重要内容及该制度所包含的清代民族立法的具体特点，蒙古朝贡制度所体现的清代法制文化的多元性等问题，采用法理学、法史学、法律社会学、法律解释学、案例分析法等法学类交叉学科的知识与研究方法进行说明与论证；对于蒙古地方诸部与清廷中央的政治互动关系、蒙古朝贡法律制度在清代有效发挥控制蒙古地方诸部并实现巩固"大一统"格局的原因分析，采用社会学与民族学的研究方法。

第一章
现实问题的聚焦与历史回看的剪影

　　中国，从古至今就是一个幅员辽阔、人口众多、历史悠久、文化多样的多民族的大国。无论是在传统王治时代的政治圈层下，还是在现代民主社会的政治体制中，中央与地方关系始终在国家制度体系演进、社会控制手段更替、法律治理层次叠加等过程中处于举足轻重的核心地位。而作为落实国家治理方略、实现社会控制目标的手段是多样的，可以借助诸如法律、宗教、道德、利益、社会价值观、伦理法则等，其中既有一些柔性特质明显的软机制，具体包括风俗、习惯、礼仪、信仰、理想、宗教、艺术、教育等，也有典型的如法律这样刚性力度突出的硬制度。实际上，无论是在治理模式下还是在控制过程中，采用何种手段措施的最终落脚点都是期望能倚重某种社会力量来督促、保证人们遵守社会规范，确立和维护有利于推动社会发展的秩序，并对社会矛盾或冲突进行有效缓解、调节与解决。其中，法律作为最基本手段所具有的优越性和主导性是其他治理或控制手段所不能及的，它因以国家政权为后盾而成为最权威、最严厉、最有效的社会控制方式。因此，在当今社会公共事务日益复杂化、利益诉求快速趋向多元化的当代，在深度构建中央和地方关系法治化的前提下，积极谋求央地关系视域下法治的平衡与共治，不仅有益于贯彻全面推进法治中国的治理方略，而且有助于完善央地关系中涉及责、权、利问题的法制规范协调并进，法治运行互促共治的动态化、有机化的统一制度体系。更为重要的是，这对于进一步提升国家凝聚力、巩固民族团结互助、促进经济持续发展、维护社会长治久安等方面意义重大。

第一节　央地关系研究焦点的多维面向

一、"央地关系"概念的多重意蕴

中央与地方关系是政府纵向关系中的一种，属于政府间内部关系，二者在同一个政府组织范围内，分属纵向不同层级，常被简称为"央地关系"。本书是在宽泛、开放意义上使用"央地关系"这一概念，其中所谓"中央"与"地方"即是分别指称中央权力主体与地方权力主体各自所代表的一组权力及其组织的简称，在现代国家政治权力谱系下，央地关系通常是指中央政府与地方政府之间的权力关系。

对于这种纵向化权力关系的理解，一方面，在理论上被认为是"中央政府在上层，地方政府在下层，这种上下层级的政府内部关系不存在竞争，本质是一种分工合作"，①但在实际的权力运行与治理措施推进的过程中，这种所谓的分工合作关系，仍存在主次之分，占上层位置的中央权力组织理所当然在政治活动中充当主导性的决断地位，地方权力组织主要是辅助中央实施政策措施，并对中央权力组织负责。另一方面，则被更多地解读为一种利益关系，即地方政府的权力组织运用上层中央授予的职权和权威执行中央的任务，中央政府的权力组织相应地回报地方权力组织一定直接或间接的利益，典型的包括官员地位晋升、荣誉名声嘉奖、物质财富给付、倾斜性政策支持等，以回馈性的利益关系进而派生出或维系着政治隶属、财政人事等各项权力关系，"其实质是以中央

① 胡伟：《政策过程》，杭州：浙江人民出版社，1998年版，第12页。

政府为代表的国家整体利益和以地方政府为代表的地方区域利益之间的法定利益分配关系"。① 可见，央地关系的核心内涵就是中央与地方之间的各项权力配置与运行绩效的关系，央地关系的本质载体则是中央与地方之间对各种利益的掌控范围与支配力大小的关系。

当然，从直观角度看，中央与地方关系问题明显属于政治学范畴，但从微观层面讲，由于现实中的央地关系所涉及的许多具体问题已远远超出政治学所涵盖的领域，央地关系问题往往综合性地辐射于诸如历史学、经济学、社会学、民族学等多学科的理论框架与知识体系，由此在央地关系视域下讨论法治的协调统一、平衡共治等问题，就不仅需要放眼于研究央地关系所涉及的多学科领域的理论认知与知识谱系，而且还需要考虑结合我国现实国情中特有的政治状况、经济环境、历史文化、民族关系等因素，更需要立足于国家法律制度的统一与地方性知识的有机衔接，从而形成良性互动的分析立场与地方性知识有机衔接与良性互动的分析立场上。所以，基于央地关系视域下的法治问题研究就应既要源于对当代社会治理需求的现实性观察与制度化回应，又需要对既往历史经验教训的概括性总结与反思性剖析，力求能够比照历史中的现实经验与教训而行以史明鉴的批判性选择。

二、央地关系研究的多重逻辑

将央地关系的研究融合于多学科知识体系的交叉性逻辑分析，可以更为全面地、立体地审视与深挖央地关系制度化、规范化、理性化、正当化的理论基础、实践路径以及可能存在或面临的问题与解决之道。特别是在民主法治成为当代社会主流的背景下，如何深入实践以法治化思维和方式去回应央地关系中存在的多样性社会治理问题具有关键性价值。

---

① 谢庆奎、杨宏山：《府际关系的理论与实践》，天津：天津教育出版社，2007年版，第13页。

首先，在政治学的逻辑下，一方面，有关央地关系的讨论常常是民主政治的热议话题，而提及民主必然关联法治，因为民主与法治乃是现代政治文明的一体两翼，民主政治视野下的央地关系天然具有法治基因，实现中央与地方关系的法治化，不仅自然包含在"法治"的要求之内，而且由于央地关系在中国这样的地理和人口大国的政治体系中属于关键性、基础性问题，这就必然要求搭建以民主与法治互为依托而又彼此均衡相辅的制度构架。

另一方面，政治学中的央地关系有助于推进地方民主自治，而地方民主自治本身就有赖于央地关系的法治化，因为央地关系法治化的重要内容与取向就是如何平衡央地之间的必要分权和保障地方自治的正当化。正如法国思想家托克维尔在考察新英格兰的地方自治传统后说，"乡镇组织之于自由，就如学校之于学生的学习一样……它们将自由带到了人们身边，并教他们如何享用……国家可以确立一个自由的政府，但若没有乡镇组织等地方自治制度，它将不可能具有自由的精神"。① 简言之，地方自治乃是自由民主社会的基础性表现。通过讨论央地关系中地方政府民主自治的法治化，更加明确地界定中央与地方之间权力关系的法治化，不仅便于合理划分中央政府与地方政府的职责与权限，从而达致范围清晰、标准明确的各司其职，而且由于诸如省及省以下的地方政府相对于中央政府而言，更接近民间社会与基层民众，更便于直接反馈大众诉求，故而有助于提高地方公民的政治参与度，实现多层次的民主效果，进而以基层民主效能的积累更好地促进全国整体层面的民主政治水平。

其次，在经济学的逻辑中，正常情况下政府始终都是保持经济发展和社会稳定的制度建设者和维护者，但仍然会出现中央与地方之间的摩擦与矛盾，这主要体现在：

一种情况是，当中央对地方的约束力减弱或不足，而地方又可以通过追逐自身经济利益的最大化甚至借此可能实现地方综合利益的增长时，那么，地方势必规避中央政策的调控而出现"上有政策、下有对策"的央地关系的尴尬局面，由此导致中央宏观调控

---

① ［法］托克维尔：《论美国的民主》，朱尾声译，北京：中国社会科学出版社，2007 年版，第 129 页。

政策在地方得不到有效贯彻，中央政策的执行出现强弩之末或存在阳奉阴违等"失灵"状态。

另一种情况则是，中央对本属于地方经济发展的事务控制过强、干预过多，于是出现基于争取获得地方社会发展所需政策、资金等利益欲求，地方政府官员不惜长期"囤聚"在中央政府机构部门中以"游说"为本职甚至铤而走险地行"跑部钱进"的越轨之举，这不仅使央地关系的互动中易于滋生腐败，而且助长了地方保护主义的盛行，而这正是央地关系失衡与畸形的表现。

因此，在经济学的逻辑下，央地关系中的中央政府所拥有的经济权力首先应做好纵向分配的制度设计，无论是否在市场经济条件下，央地关系中的上下级政府间的经济职能或称为经济权力都应正常发挥稳定社会经济发展、合理调节资源流向与分配、创造良好活跃的交易环境，甚至弥补或调控稀缺资源的不足与失衡等功能，由此才能保证社会持续性、有序化发展，而这是古今中外盛世之下所有央地关系的共性之一。

此外，由于地方政府较之中央政府而言，对自身管辖区域内的资源条件有更清晰的掌握，对地方需求与偏好更了解，那么在配置资源、利用效率、成效质量等方面较之中央其实更切合当地实际，这就更需要通过中央和地方关系的法治化模式理性划分经济权力，以保证经济决策、调控措施的合理性、科学性。反之，不仅有损地方经济发展与稳定，而且会拉低国家整体经济布局规格和节奏，最终导致央地关系紧张甚至出现反噬效应。

再次，依法学的逻辑看，央地关系本身就需要以法律制度为规范标准，以法律治理为运行框架，无论中央政府权力还是地方政府权力都应是法治视野下的约束对象。法治，相对于政治、人治而言，其特点是刚性、明确、概括、稳定而非朝令夕改。以法治视角、法学思维处理央地关系，可以有效避免央地关系中存在过多的不可预测性、短期性执政行为所带来的互动成本过高甚至引发中央与地方关系间的政治不信任的危机。

在我国，无论是历史上还是现实中，政治化、人治化特征在央地关系中呈现显著，一方面是执政首脑的意志对央地关系的发展释放着决定性的影响力，央地关系的调整在传统王治时代主要依靠帝制文书、王者口谕，在现代社会主要依靠政策文件等行政手段；另一方面则是中央政府较之地方政府、层级较高的政府较之层级较低的政府，被理所当然地认定为具有天然的政治正确性和道德优越性，这显然不是法治国家的构建目标所期许的。

因此，在法学逻辑框架下，央地关系中的各级政府或权力组织都应恪守国家法律，僭越权力界限或怠慢权力职责的都是央地关系的非正常化状态，如此才能有效遏制央地关系发展中可能存在侵害公民合法权利的隐患，避免社会大众成为央地关系博弈的牺牲品；同时，中央与地方的纵向关系之间、地方各级政府的横向关系之间，也都应是法律框架内形成或相互制约或相互竞争或相互扶持的法治关系。

最后，从文化学的衍生性逻辑讲，一种文化诞生一种制度，而制度又反过来会强化这种文化，这种文化又会再催生新的制度，如此周而复始、循环叠加，最终成就人类社会的制度变迁。正如国学大师钱穆先生所言，"一切问题，由文化问题产生。一切问题，由文化问题解决"。① 因此，央地关系若要朝着制度化的平衡与共治的理性方向发展，也须重新审视所处社会既有的历史性文化特点对央地关系形成环境的复杂影响，还须积极培植当下及未来社会中有促进央地关系法治化、规范性、健康态的新型文化因子的成长。

通过文化学的对比不难发现，在西方，早在封建时代就有通过划分王室、贵族、教会、市民阶层等权力层级的传统，进而形成以分权、制衡、自治等为特征的制度文化，所以地方分权、地方自治以及联邦主义等文化基因也较早就渗透在西方国家的中央与地方关系中，并且构成西方社会中的央地关系法治化的传统基础与文化动力。而在中国，自秦统一六国而废封建立郡县，实现从地方分权到中央集权的"大一统"之后，便形成以郡县制为基础的中央集权统治并走过漫长的两千多年，由此深深地刻画了中国传统政治模式下的集权文化。而"中国人的宇宙论就是在太极中搞阴阳调和，太阴中有少阳，

---

① 钱穆：《文化学大义》，台北：正中书局，1981年版，第3页。

太阳中有少阴。在政治生活中，就出现中央中有地方，地方中有中央，造成法权观念的模糊"。① 这种非法制性的文化基因以及分权文化的缺失，无疑应是分析我国央地关系的规范力缺乏、法治化不足的重要因素之一。换言之，文化背景是制度建设的土壤，没有相匹配的文化滋养与支撑，相应的机制关系或制度构架难免流于空中楼阁、镜花水月。当然，客观地讲，集权与分权各有利弊且很难泾渭分明，即集权下也常常伴有分权而分权也往往需要集权保障，但总体而言，集权与分权的并行已成为世界性趋势，并被实践证明能够更有效地施予权力以合理约束与必要制衡。出于文化学的逻辑考虑，对于我国而言，则是首要克服根深蒂固的传统社会体制下的人治思想，对传统中央集权文化进行理性化的扬弃，构建适合中国国情文化、社情民意的分权机制，重视以法治精神根植社会文化的培育，推动中央与地方之间合理化、法治化的纵向权力关系。

由上可知，对于央地关系的研究不宜囿于某一方面的理论探讨与现实原因的分析，尤其是央地关系视域下的法治化问题，对于如我国这样历史积淀深厚、民族分布广博、区域发展不均衡的大国，更需要以纵观古今、着眼全局的思路，综合化、立体性地阐释央地关系互动中的法治成长与演进。

第二节　清代央地关系与法律多元一体格局

中国历史上的"天下"秩序观和"大一统"理政思想，是建立在以文化意义上的法律多元主义与功能意义上的法律一体化目标为基础上的。清代社会的央地关系发展，总体上是在延续"天下"秩序观，并由此最终秉承"大一统"理政思想的治国实践，这既是对当时社会文化丰富多样、民族构成复杂多元、政制统治确立巩固、经济发展有序稳定等一系列现实需求的满足，也是作为筑就清代法律制度史呈现多元一体

---

① 孙隆基：《中国文化的深层次结构》，桂林：广西师范大学出版社，2004年版，第328页。

化格局的传统基因之一。清代央地关系本身就是负载法律多元一体化格局的社会载体与政治动因，其中所包含的满、汉、蒙等多民族文化的交融与共，国家法律与民族习惯的价值博弈，制度传统与风俗观念的汇聚互动等，又都反哺化地规制、影响着清代央地关系的丰富性发展与互动性变革，甚至反映着不同时期清代的国运走势与社会变迁的阶段性特质。

一、清代社会的央地关系特点

清朝，作为中国封建社会的最后一个王朝，既具有与其他封建朝代相通的共性，又于相比之下具有其自身的诸多特性。总体而言，在清廷统治的高度集权之下，中央与地方之间的关系被收缩聚拢而更为紧密，但由于清廷政权是满族少数民族权力集团从关外确立而入关后得以正名，这一过程使得清朝统治者深知自身王朝所面对的央地关系有着更为复杂化的趋势，这种更为复杂化的原因就在于，清廷中央政权所处理的央地关系中还增加了一层如何有力、有效地针对作为地方权力系统的少数民族地区的归附、隶属以及相关治理问题。而从历史发展来看，尽管清朝政权于建立之初就从巩固统一的多民族国家的立场出发，并且确实也在中央集权政治发展过程中不断显现统治盛世之迹，但当时毕竟清朝已处于封建社会发展的末期，所以其政治统治与法制建构始终是在各种社会矛盾最为尖锐激烈的基础上而推进，国家统治与社会控制方面所面临的制度文化、民族关系、社会背景也具有更为多元化、复杂化、多变化等特质。

一方面，由于自清朝建立之初，就必须首先处理好基于满、蒙、汉等多元化民族关系的融合问题，这不仅对于清廷中央能否顺利取得以及平稳确立统一政权具有关键性影响，而且关涉其在中后期政权巩固、成熟过程中能否达到有效克减阻力、消弭分歧的国家治理效果。更为重要的是，由多民族构成的一体化社会组织成为决定清王朝统治的国家治理实践始终需要、也是必要的多元一体化模式的外在历史基础，这即是清代法律多元一体格局的社会根源与央地关系必须平衡共治的客观事实。据此必然要求清朝统治者在国家治理方略谋划与筹措机制推行中必须因势利导、因地制宜、因俗而治地回应当时社会背景下所处的央地关系特征，必须要善于调整、控制、平衡与清廷自身具有共生共存关系的复杂性、多样化的民族地方的发展事宜，尤其是在关涉这些民族地方的调控制度与组织构架中，大多数又同时兼具着作为清廷中央管辖的地方政府部门的权限范围设定、机制效能实施等重要的央地关系问题。

另一方面，无论是在后金政权的勃兴之际，还是在清朝入主中原以后，满族统治者始终深知蒙古地方诸部所具有的战略地位与强大军事实力对清廷中央政权"大一统"的重大意义。对于清廷中央而言，在诸多民族关系的统合与维护中，能够有力掌控与蒙古地方诸部关系的主动性、支配地位是最为重要的，这不仅关乎着清廷中央与蒙古地方诸部之间的央地关系是否稳定、和谐，而且这种央地关系对于维护清廷中央政权的统一与巩固更具有举足轻重的作用。所以，清廷对待蒙古地方诸部的基本方针就是既要与之亲和友好，又要对其施以控制，从而发挥蒙古地方诸部既能自治安定又能满足清廷中央政权巩固，其根本目的就是要争取蒙古诸部从归附到隶属最终成为清廷中央集权统治下的地方权力部门或地方组织机构，从而为强化清朝统一的社会控制而服务。

因此，将有清一代以朝贡模式的制度化对蒙古社会控制的法律特点与经验教训作为分析对象并加以概括总结，不仅能够较为突出、典型地梳理出清廷中央与地方蒙古诸部之间的央地关系问题，说明当时清廷中央在应对、解决与地方蒙古区域关系中的特殊复杂性与利害关系性，而且能够从中获得以多视角的解释路径阐明法律治理对于央地关系互动的关键性效能何在，尤其着重介绍与分析清代时期复杂化、多变性的民族关系对于央地关系间的政策调整变化、法制模式选择等反作用的影响，这对于多民族一体化国家的央地关系而言是具有重要的讨论意义和研究价值的。

在清廷中央政权统治下的蒙古地方诸部其地区发展状况更能突显在人、财、物等具体事权上的央地关系问题，而蒙古朝贡法律制度从其产生、发展、实施以至衰落，能够较为完整地呈现央地关系间何以出现积极效应，又是怎样存在消极影响的。这对于始终坚持多民族团结发展的当代中国社会央地关系的交融与共而言依旧是意义显著。

二、"朝贡"之治在法律多元一体格局下的演化

（一）中国古代传统经典的"朝贡"之治

在先秦典籍中，最初记载的"朝"与"贡"不仅是分开使用，而且特指代表最高政权的天子会见具有地方性权力的诸侯。

"朝"之记载，屡见于《尚书》《毛诗》《春秋》《礼记》《仪礼》《周礼》等典籍，且以《周礼》的论说最具代表性。《周礼·春官·大宗伯》载"以宾礼亲邦国。春见曰朝"，① 同时贾公彦、孙诒让（1848—1908）认为"邦国互通"都是指"诸侯"。② 此外，《礼记》的《典礼》《王制》与《明堂位》亦提到"君天下曰'天子'，朝诸侯""天子无事，与诸侯相见。曰朝"与"昔者周公朝诸侯于明堂之位"。③ 由此大体而言，"朝"的古义，只适用于诸侯，主要指天子见诸侯。

"贡"之依据，则为《尚书·禹贡》载"禹别九州，随山浚川，任土作贡"，这即是"从下献上"之称。对此，孔颖达（574—648）则进一步解释为"禹分别九州之界，随其所至之山，刊除其木，深大其川，使得注海。水害既除，地复本性，任其土地所有，定其贡赋之差，史录其事，以为《禹贡》之篇"，④ 可见"贡"必然是"九州之界"

---

① （汉）郑玄注，（唐）孔颖达疏，龚抗云整理，王文锦审定：《周礼注疏》卷十八《春官·大宗伯》，《十三注疏整理本》第 8 册，北京：北京大学出版社，2000 年版，第 546 页。

② 《周礼注疏》卷二《天官·大宰》，《十三经注疏整理本》第 7 册，北京：北京大学出版社，2000 年版，第 29 页；（清）孙诒让：《周礼正义》卷二《天官·大宰》，北京：中华书局，1987 年版，第 60 页。

③ （汉）郑玄注，（唐）孔颖达疏，龚抗云整理，王文锦审定：《礼记正义》卷四、十二、三十一《典礼下第二》《王制》《明堂位第十四》，《十三经注疏整理本》，第 12、13、14 册，北京：北京大学出版社，2000 年版，第 143、432、1085—1086 页。

④ 《尚书正义》卷六《夏书·禹贡》，《十三经注疏整理本》第 2 册，北京：北京大学出版社，2000 年版，第 158 页。

内"以下献上之称"。而这一点正与《周礼·天官·大宰》的"以九贡致邦国之用"①与《职方氏》的"凡邦国,小大相维。王设其牧,制其职,各以其所能,制其贡,各以其所有"② 意义相通,所以"贡"也是用于"诸侯"而不出"九州"的范围。

随着封建政权的统一化建立与"大一统"王朝统治的需要,"朝"与"贡"不仅逐渐交融联合使用,而且日渐推行适用于超越"服制"之治的"九州之外"。孙诒让在《周礼正义》解释道:"《王会》,《周书》第五十九篇,记成王会诸侯献物之事。其序云'周室既宁,八方会同,各以其职位献。欲垂法厥世,作《王会》。'所贡贵宝,若稷慎大尘、秽人前儿之类,名数甚多,故不备引。此九州之外所献贵宝,即怀方氏所谓致远物也,与上六服有贡异,然通而言之,亦得谓之贡。"③ 不仅如此,《汉书·王莽传》中《谢益封国邑》载"臣莽国邑足以供朝贡,不须复加益地之宠,愿归所益",④ 这已经反映出"朝贡"在西汉已具有政治臣服的意义,而不仅仅是一种诸侯与天子亲疏关系维持的礼制。同时,东汉的"朝贡"亦渐超出服制范围而与外夷相关,特别是在应劭(153—196)的《汉官仪》与蔡质(132—192)的《汉官典职仪式选用》中都在记载"正旦朝贺"时提到"正月旦,天子幸德阳殿,临轩。公、卿、将、大夫、百官各陪朝贺。蛮、貊、胡、羌朝贡毕"。⑤ 可见,此时的"朝贡"已成为描述边疆或域外政权与中原天子建立或维系政治关系的一种方式,可以具有实质性政治臣服的归依,也可以只是象征性友好向往的表达。

总之,中国古代的"朝贡"制度既是统治者控制社会与管理国家的政治智慧与治理

---

① 《周礼注疏》卷二《天官·大宰》,《十三经注疏整理本》第 7 册,北京:北京大学出版社,2000 年版,第 45 页。

② 《周礼注疏》卷三十三《夏官·职方氏》,《十三经注疏整理本》第 9 册,北京:北京大学出版社,2000 年版,第 1033 页。

③ 《周礼正义》卷七十一《秋官·大行人》,北京:中华书局,1987 年版,第 2982 页。

④ (汉)班固:《汉书》卷九十九上《王莽传第六十九上》,北京:中华书局,1962 年版,第 4051—4052 页。

⑤ (汉)应劭著,(元)陶宗仪辑:《汉官仪》;(汉)蔡质:《汉官典职仪式选用》,载(清)孙星衍等辑,周天游点校:《汉官六种》,北京:中华书局,1990 年版,第 115、210 页。

谋略，也是中原社会与边疆社会甚至域外王国之间沟通、交流甚至实现经济贸易往来的制度桥梁，每一次朝贡之仪都是双方交换观点、交换物品以及买卖关系实现的官方活动，尤其对于前来朝贡一方，往往可以获得天子之国的丰厚回馈。也正因为如此，尽管朝贡制度的具体内容及其运行效果在不同历史时期必然经历随着王朝更替的兴衰在亡，从而表现出不同样态与差异化效能，但朝贡制度依然可以有效助推甚至巩固封建君王"大一统"的政治理想，并由此获得间隔不断的制度延续。

（二）清代蒙古朝贡法律制度是"朝贡"之治的地方化典型

有清一代，蒙古朝贡法律制度就成为清朝将朝贡法律制度地方化的典型史例，并集中化表达着清代法律制度史多元一体化格局的需求与特质。

清代蒙古朝贡法律制度是清代法律规定的一项主要由中央机构理藩院主管，蒙古地区的盟旗机构与扎萨克或其他盟旗长官等协助执行与实施的，要求内、外蒙古及西部蒙古地区的贵族定期进京觐见皇帝、贡献方物以表示对清廷中央的臣服与效忠的法律制度。

这项法律制度的主要内容是依据内、外蒙古及西部蒙古各部归顺清廷的早晚与效忠程度的不同，并结合蒙古各部自身发展的具体状况，由《蒙古律例》《理藩院则例》加以分门别类地规定，从有关蒙古朝贡时间的贡期与班次、贡物的种类与数量、划定的贡道、等级分明的仪制等多个方面将不同蒙古部落必须履行的差异性朝贡义务的具体内容加以法制化，并且明确地规定了对于遵守或违反蒙古朝贡法律制度行为的奖赏机制与惩罚措施。清代蒙古朝贡法律制度是清朝统治者控制蒙古地方的行政管理制度在法律上的体现，它不仅以针对地方统治与管理的法制方式突出化、集中性地展现了作为清代中央与地方关系中的特点，而且深刻地反映了当时内、外蒙古及西部蒙古诸部地方权力与清朝中央权力之间的力量对比状况、亲疏远近关系的差异等，还全面地展现了蒙古诸部作为地方权力组织如何遵从于清廷中央，清朝又是如何有效统一蒙古诸部的历史过程。

实际上，在中国古代的朝贡制度发展史上，朝贡制度所体现的政治上的"臣"与实际上的"治"是可分而论之又或统合称谓，这基本是由宗主方与朝贡方的亲疏远近关系尤其是在政治上是否具有实质性的隶属关系以及这种隶属关系的控制力度的强弱而定。故而，在朝贡制度发展史中就出现了"贡而不臣""臣而不治""亦臣亦治""不臣不治"等多种形式。也就是说，中国古代的统治者运用朝贡制度更多的是在寻求象征性的"统"而并非必然期望或实现实质性的"治"。

但有清一代，朝贡制度的发展既表现出对中国古代朝贡制度传统的传承性，又表现出依据自身社会历史发展阶段所需要的特殊性。清朝是中国最后一个封建王朝，因此在利用朝贡制度巩固国家统治秩序时，必然承袭历代封建王朝已有的传统，但由于清朝所要调适的民族关系更为复杂，所要解决的边疆地区控制问题更为突出，尤其是与盘踞在西北边疆的蒙古诸部的关系及对该地区的有效控制等问题。因为不仅最初蒙古诸部势力的向背直接关系到明末清初时期的满洲贵族与明朝对抗的胜负，而且之后就直接涉及清朝政权在整个东北地区的根基稳定，并关切着保障清朝对西藏、青海、回部等西北地区的有力控制，甚至影响着清廷与朝鲜、俄罗斯等境外势力的关系。总之，清廷中央能否有效、有力地控制蒙古地区诸部的地方组织，对清代社会发展的整体格局而言至关重要。

同时，清朝清醒地认识到，尽管蒙古族是以彪悍而著称，蒙古地区的地方组织也成一股股强劲的军事力量，但在蒙古地区的内部，随着"黄金家族"势力的衰退，蒙古各部之间的政治分歧与军事矛盾也日渐显露。这就为清朝采用"恩威并济"的总体策略调整控制蒙古地区诸部提供了现实性条件，因为蒙古诸部既可以是清朝政权的有力支柱也可能是有碍清廷实现"大一统"政治宏图的强劲对手，那么应对蒙古诸部尤其是清廷意欲纳其为作为地方权力组织而统合于清廷中央之下时，就不宜采取硬拼的策略而更应施以抚绥以治之、分封以制衡的谋略。于是，清朝在对蒙古地区推进管理与控制的过程中，除实施局部性的武力征服、推行盟旗制与军府制之外，还在蒙古地区规定并实施了已具地方化控制机制的蒙古朝贡制度，并凭借该制度的法律制度化发展达到了对蒙古地区诸部的整体化统治目的，实现了武力征服不可比拟的持续性控制效果。正因为清代蒙古朝贡法律制度在传承中国历代封建王朝的朝贡制度模式时，更加注重结合自身所处的特定历史条件与复杂的民族分布关系，一方面强调并落实蒙古地区诸部的上层权力集团对清廷要"贡且称臣"的实质性行为，而非单纯的象征性意义，另一方面又适时灵活调整蒙古朝贡法律制度在蒙古地区不同诸部间实施的差异化进度与区别性力度，由此使得蒙古朝贡法律制度在清代一度发展到顶峰，并为实现中央政权对西北边疆地区形成全面化有效控制与管理的央地互动关系发挥了重要的历史性作用。

清代蒙古朝贡制度的形成、发展及其成熟，正是随着清朝对蒙古地区诸部的逐步控制以至最终统一而日臻成熟。在清入关以前，漠南蒙古就已被后金政权征服，蒙古朝贡法律制度最早就是针对漠南蒙古部族而制定与实施的。皇太极改金为清之后，设立蒙古衙门，后更名为理藩院，有关漠南蒙古的朝贡事宜不仅由理藩院专门执掌，而且颁布法令予以制度化。清入关以后，漠北蒙古在康熙三十年（1691）举行多伦诺尔政治会盟之后表示对清廷臣服，漠西厄鲁特蒙古则于乾隆二十二年（1757）被最终平定，由此，清朝实现了对蒙古大漠的整体统一。清代蒙古朝贡法律制度也正是在这一历史过程中不断得到发展，并最终成为清朝统治中处理清廷中央政权与地方蒙古权力组织之间关系的重要纽带。对于有关蒙古朝贡法律制度的专门化规定，就以《蒙古律例》与《理藩院则例》这两部清朝官方法律文本为典型代表，如：《蒙古律例》共 12 卷 209 条，涉及蒙古朝贡制度的共有 9 条，即"朝贡"门，其规定了蒙古王公的年礼庆祝、年礼来朝、朝贺定限、九白贡制、贡赐赏给等法律制度，而《理藩院则例》共 64 卷 965 条，有关蒙古朝贡制度的法律规定就包括有"朝觐"门、"贡输"门、"宴赍"门、"仪制"门等，并就蒙古诸部在执行朝贡制度的实践中，针对遵守朝贡规定的行为予以何种赏赐，对于执行不当或不予执行等违反朝贡规定的行为施以何种惩罚等都加以法制化调整。此外，在理藩院内部机构设置中，还明确了王会司承办内蒙古各部的朝觐事宜，柔远司承办外蒙古和西部蒙古各部以及喇嘛僧侣朝贡事宜的细化规定。在《大清会典事例》《清实录》等其他史料文献中，对于蒙古朝贡法律制度的规定与实施情况也多有记载。

　　总体而言，清代蒙古朝贡法律制度的形成及发展是与清朝中央逐步强化、巩固对蒙古地区的统一化管理过程密切关联。清朝不仅十分重视以法制化的方式将蒙古朝贡制度规范化、固定化、严格化，由此创设并颁布了一系列有关蒙古朝贡制度的立法内容，从而力图达到有效调整清廷中央与蒙古地方之间关系的行为标准与利益权衡法则，而且还将这些法律规定积极付诸管理与控制蒙古地区的统治实践中。这些依法治理以民族地区事务发展为代表的央地关系的历史现象，是值得当今仍然拥有多民族一体化且以民族区域自治作为国家重要地方政府组织形式之一的我国现代社会去关注、思考与研究的。因此，选择清代蒙古朝贡法律制度作为探讨央地关系中法治平衡与共治问题研究的切入口，其意义就在于：

　　通过对作为清代将朝贡制度地方化的代表——蒙古朝贡法律制度的研究，既有利于深刻认知央地关系这一问题并非今日今时才有之，而是基于泱泱大国其治理范畴的多层级性、政治文明的不断进步更替化、法制尤其法治日渐深入社会命脉的时代使然，同时又能够借助清廷中央与蒙古地方这种以民族地方发展为突出典型的央地关系中所显现的法制供给是否到位、全面，是否在运转中形成持续化的平衡性机制与达到央地协调的共治化效能，从而构建起我们必须审慎对待央地关系发展中法治协调统一的深远性意义。

第二章
地方化朝贡法律制度建立的原因

　　有清一代，满族统治阶层无论是处于后金政权的勃兴期，还是定鼎中原的大一统时期，对与蒙古诸部的关系变化都极为重视，适时调整着要么与蒙联盟、要么对蒙控制的总体策略。总之，针对蒙古的一系列策略无非就是要驾驭蒙古诸部为清廷中央所用，并最终为实现清朝的统一政权而服务。基于此，清代蒙古朝贡法律制度就是清朝对蒙治理的总体策略在法律层面上的重要表现之一，尽管该法律制度是为了清廷中央统治集团持续有效地控制蒙古诸部而创制，它集中表达了清朝统治阶级的根本利益与主观愿望，但同时，该法律制度也充分反映了当时满蒙民族关系的特殊化与蒙古社会的实际状态等客观事实。所以说，清代蒙古朝贡法律制度的建立绝非历史的偶然，而是源于深刻且复杂的综合化社会因素，是以清朝逐步确立对蒙古诸部的统治为前提。

第一节　清代治国秉承"大一统"的理政方略

　　漠南蒙古、漠北蒙古和漠西蒙古是明朝末年蒙古各部落分裂成三部分之后出现的地域和部族概念，沿用至清朝末年。"漠"指的是蒙古高原的戈壁沙漠。戈壁沙漠，位于今蒙古国南部的东戈壁省、南戈壁省、戈壁阿尔泰省，以及我国内蒙古自治区锡林郭勒盟西部二连浩特一带。16 世纪末 17 世纪初的蒙古势力集团，在经历了"黄金家族"势衰之后的历史动荡，逐渐分化为漠南蒙古、漠北喀尔喀部蒙古、漠西厄鲁特–准噶尔蒙古这三大分立、互不统领的势力集团，蒙古社会内部呈现政治分歧与军事矛盾日渐显露且越发尖锐的发展势态，但尽管如此，这些蒙古诸部依旧是中国 17 世纪政治角逐舞台中不能小觑的势力集团。

诚言之，蒙古是个世代游牧的马背民族，逐水草而居的特殊生产方式和生活习惯造就了蒙古民族剽悍骁勇、擅于弓马的军事天赋。在明朝与后金的角逐中，哪一方取得蒙古的支持都将如虎添翼，而与蒙古为敌则不啻榻侧卧虎，必将陷入腹背受敌的困境之中。因此，蒙古势力就成为明与后金争夺的焦点，尤其是在清入关之前，满族统治者深谙居于明与后金之间的漠南蒙古能否归附于己，必将关系到后金政权日后能否对明朝取而代之并由此定鼎中原。为此，清朝历经努尔哈赤和皇太极两朝，对漠南蒙古采取了一系列征服措施，首先使漠南蒙古率先归附于清，进而奠定了清朝陆续统一漠北、漠西等蒙古中部的基础。事实上，清朝历代帝王之所以都力争对整个蒙古地区的有效统治，还因为这密切关联到清朝政权对西藏、青海、回部等整个西北地区的统一问题，甚至触及清廷与朝鲜、俄罗斯等境外势力的关系，影响着清王朝能否长治久安地统一天下。而作为清朝统治并管理蒙古地区的重要制度之一的蒙古朝贡法律制度，其确立也必须要以清朝实现在蒙古地区的全面统治为先决性的政治条件，而这一先决性政治条件则是通过清朝统治者因势利导的征服策略而逐步实现。而自 15 世纪以来，本已内讧不断的蒙古势力集团更是日渐分裂为群雄争立的若干部落，而后他们从 17 世纪初至 18 世纪中叶又相继归附于清朝或者灭亡。他们与清朝亲疏远近的关系也是随着清朝政权势力的不断强大、稳固与疆域统治的日益扩张而有所变化。

一、清朝对漠南蒙古的统治

对于勃兴之初的后金而言，与蒙古势力集团相比总体尚处于劣势，此时绝不宜与蒙古一味对抗，况且"草昧之初，以一成一旅敌中原，必先树羽翼于同部，故得朝鲜人十，不若得蒙古人一"。① 可见，蒙古诸部对后金政权发展所具有的实际意义。而介于明朝和后金之间的东部漠南蒙古，主要包括科尔沁、内喀尔喀和察哈尔等部，其中有的部落同后金接壤，尤其与海西女真关系密切。因此，后金统治者决意最先征抚东部漠南蒙古诸部，这不仅有助于女真内部的快速统一，而且有利于解除后金进入辽沈地区的后顾之忧，从而免于遭受明与蒙古于西北联合夹攻的危险。从努尔哈赤开始就积极着手策动漠南蒙古的归附，到皇太极改金建清之时，历经半个世纪之久最终征服漠南蒙古。在这期间，满族统治者既利用漠南蒙古同明廷的矛盾以及对明廷久存不满的心态，又利用蒙古各部分裂割据的内讧，对各部蒙古王公采用或分化瓦解或武力征讨或征抚并用的多重手段，最终实现了如康熙《大清会典》中所记载的"漠南蒙古于鼎革之前就'率先归附'，土地人口'悉隶版图'"② 的征服结果，这即说明漠南蒙古是最早臣服并归附于清的蒙古部落。

（一）科尔沁的归附

努尔哈赤在筹划征抚漠南蒙古时，先从邻近的科尔沁蒙古入手，因为在漠南蒙古地区内，科尔沁蒙古一直都与察哈尔蒙古争雄不睦，又与势力较强的女真叶赫、乌拉等部结盟。如若征服科尔沁蒙古，不仅有利于减轻统一女真内部的压力、消除与明朝争夺辽东的后顾之忧，而且便于对付于 16 世纪末开始与努尔哈赤抗衡的蒙古察哈尔部林丹汗势力。

科尔沁蒙古主要由嫩科尔沁和阿鲁科尔沁组成。嫩科尔沁蒙古又分为科尔沁部、杜尔伯特部、郭尔罗斯部及扎赉特部，各部还控制着生活在这里的锡伯、卦尔察及部分达斡尔人，并且与海西女真等相邻。阿鲁科尔沁蒙古也分为四部，即阿鲁科尔沁部、四子

---

① 魏源《圣武记》卷一，《开国龙兴记一》。

② 康熙《大清会典》卷一百四十二，《理藩院一》。

部、茂明安部及乌拉特部。

1593 年，蒙古科尔沁三贝勒翁阿代、莽古思、明安率蒙古兵万骑参加叶赫、哈达、乌拉、辉发等部组织的九部联军进攻努尔哈赤，却大败于古勒山，"蒙古科尔沁贝勒明安，马被陷，遂弃鞍，裸身，乘骝马逃，仅身免"① 而狼狈逃遁。第二年，"北科尔沁部蒙古贝勒明安、喀尔喀五部贝勒老萨，始遣使通好……，自是蒙古诸贝勒通使不绝"。② 这是科尔沁部初次遣使建州，即是蒙古部与满洲部建立联系的开始。但科尔沁部虽遣使和好却并未认输，此后又多次动兵背叛于满洲部，而努尔哈赤却仍不计旧恶，不仅对漠南蒙古各部保持礼遇有加，而且采取了和亲联姻、继续遣使通好的亲善政策。努尔哈赤的宽仁之举在嫩江流域产生了较大的影响，使科尔沁蒙古权贵既见其兵威又感其恩德，纷纷派使者与努尔哈赤建立联系，努尔哈赤也厚待来使，以礼往来。随着建州女真的统一、强大以及后金政权的建立，努尔哈赤继续采用结盟的策略拉拢和招抚嫩江流域的科尔沁蒙古。

此时的科尔沁部也想借用努尔哈赤之势增强自身实力从而摆脱林丹汗的统治，而努尔哈赤则希望利用科尔沁对付察哈尔以解除伐明的后顾之忧。这就有力地促使了科尔沁蒙古与努尔哈赤所掌控的满洲部族之间的关系由血缘上的亲近性延展到政治上的联手同盟。努尔哈赤敏锐地洞悉到科尔沁蒙古等因长期役属于察哈尔部而怨愤已久，于是适势采取分化瓦解的策略，争取与察哈尔蒙古嫌隙颇深的科尔沁蒙古，并与之结盟修好。而察哈尔部林丹汗却为了防止后金扩张，采取了为渊驱鱼的不智之举——先后讨伐与后金结盟的科尔沁等部，这反而刺激与强化了科尔沁投附后金的政治倾向。天命十年（1625年）十一月，科尔沁遭察哈尔部来袭而速向努尔哈赤求援，"科尔沁台吉奥巴遣使五人至，告急。言察哈尔林丹汗举兵来侵。兵已逼，因请援"。③ 得知消息，莽古尔泰、皇太极等贝勒率精兵五千，以其父努尔哈赤之命前往援救。由于察哈尔林丹汗围攻科尔沁奥

---

① 《清实录》第一册，《清太祖实录》卷二，第 40 页，北京：中华书局，1987 年影印本。

② 《清实录》第一册，《清太祖实录》卷二，第 41 页，北京：中华书局，1987 年影印本。

③ 《清实录》第一册，《清太祖实录》卷九，第 131 页，北京：中华书局，1987 年影印本。

巴城已有数日而兵力劳顿，听闻后金援兵将至，于是连夜仓皇撤兵，科尔沁之围不攻而破。这足以显示后金大军强大的影响，也更让嫩科尔沁各部坚定了归附后金的意愿。奥巴台吉亲自跪见努尔哈赤，于浑河岸边与努尔哈赤刑白马黑牛，祭告天地，盟誓结好，即如史料记载：

> 上以科尔沁台吉奥巴倾心归附，与结盟好。刑白马乌牛祭告天地。上誓曰：我以公直处世，如恪守盟好，终始弗渝，天亦永为眷顾焉……台吉奥巴亦誓曰：天生奥巴赋与皇天眷命。若世守盟好，天亦永为眷顾焉。①

由此，努尔哈赤用宽仁之德征服了嫩科尔沁蒙古众部并向后金政权先后归附，成为后金政权可靠的同盟军。在嫩科尔沁蒙古诸部相继归附于后金且与后金结盟的形势发展下，阿鲁科尔沁诸部也逐渐向后金政权靠拢。对此，《清实录》有如下记载：

> 天聪四年十一月己卯，阿禄四子部落诸贝勒来归。诸贝勒俱留我边境，令台吉宜尔札木、苏黑墨尔根、毕礼克、翁惠、布桑先至。十二月壬寅，阿禄伊苏忒部落贝勒，为察哈尔兵所败。闻上善养人民，随我国使臣察汉喇嘛来归。留所部于西喇木轮河，先来朝见。②

可见，由于不满察哈尔林丹汗的奴役，以及难以承受其对四子部落和阿鲁科尔沁不断的军事侵扰，最终促使四子部落和阿鲁科尔沁举部南迁并投奔后金。而清太宗皇太极对前来投降之阿鲁科尔沁诸部仍是礼遇款待并妥善安置。天聪五年（1631 年）四月初七日，皇太极与嫩科尔沁部土谢图汗奥巴、阿鲁蒙古翁牛特部孙都棱、阿鲁科尔沁部达赉

---

① 《清实录》第一册，《清太祖实录》卷十，第137—138 页，北京：中华书局，1987 年影印本。
② 《清太宗实录》卷七，天聪四年十一月己卯条、十二月壬寅条。来源：中国第一历史档案馆。

楚呼尔、四子部落僧格和绍齐等大小台吉结盟立誓，对所属阿鲁科尔沁诸部的蒙古驻牧地界按各部划定。

天聪六年（1632年）四月，满洲大军与已经归附后金的漠南蒙古兵力在皇太极的率领之下，再次远赴兴安岭征讨林丹汗并迫其弃土西奔。此时林丹汗大势已去，仍留牧于兴安岭以北、额尔古纳河下游的乌拉特部留牧于鄂嫩河下游的毛（茂）明安部也都举部南迁投奔后金。天聪七年（1633年）二月癸亥，"阿禄科尔沁图车根汗、固木巴图鲁、达尔马代滚等，举国来归"，[①] 天聪八年（1634年）十月辛丑，"阿禄毛明安部落来归"。[②] 由此，整个科尔沁蒙古归附于清。

（二）内喀尔喀的归附

内喀尔喀部是明末清初漠南蒙古地区的一个举足轻重的部落。在北元时期，内喀尔喀部与漠北外喀尔喀部同属于达延汗时代蒙古六万户之一的喀尔喀万户，他们与喀尔喀万户内格鄂托克共同在漠北草原生活了近200年的时间。当时内喀尔喀部的正式名称为"喀尔喀万户左翼"，到了16世纪中叶，才从漠北草原迁徙到大兴安岭以南的漠南地区游牧，从此喀尔喀万户就分成各自独立的漠北地区"外喀尔喀七部"和漠南地区"内喀尔喀五部"，其中内喀尔喀包含原喀尔喀万户内5个鄂托克，分别是：扎鲁特、巴林、翁吉剌特、巴岳特、乌齐叶特。在以后400多年的时间里，内喀尔喀部活跃在老哈河以东、辽河以西、西拉木伦河流域及其以北的广袤草原地带。到了近代和现代，内喀尔喀五部保存下来就只有巴林部和扎鲁特部了，其他三部已经消失在历史的长河中，只有在史料上才能找到他们的历史踪迹。

明末清初，内喀尔喀五部之间时而互相联合，时而彼此倾轧，争掠频繁、内讧不休，因而大大削弱了自身整体实力。这就为努尔哈赤利用其内部矛盾，进而分化瓦解、

---

① 《清太宗实录》卷十三，天聪七年二月癸亥条。来源：中国第一历史档案馆。

② 《清太宗实录》卷二十，天聪八年十月辛丑条。来源：中国第一历史档案馆。

逐步争取提供了有利条件。在五部中，巴岳特达尔汉贝勒之子恩格德尔率先归附努尔哈赤的满洲部。万历三十三年（1605 年），恩格德尔为表示与满洲后金政权的友好，特携马匹献与努尔哈赤，史料如记：

> 蒙古喀尔喀把岳式部落达尔汉巴图鲁贝勒之子台吉恩格德尔来朝，献马二十四……
>
> 次年冬十二月，台吉恩格德尔又率蒙古国五部落喀尔喀诸贝勒之使，进驻马来朝。尊上为神武黄帝。自此蒙古各部落每岁来朝，络绎不绝。①

天命四年六月，努尔哈赤遣书于蒙古内喀尔喀五部，并言明：

> 满洲蒙古，语言虽异，而衣食起居，无不相同，兄弟之国也，故应满蒙联盟共同征讨明廷。②

这意在向蒙古诸部表明后金与之和平联盟的意愿和联合对抗明朝的目的，但实际上，内喀尔喀诸部对后金的政治态度并不完全一致甚至认为来者不善。最典型的就是内喀尔喀扎鲁特部贝勒介赛，他一向自恃兵强马壮，对明朝既挟赏又靠拢，与明朝"三次立盟"意欲对抗其既畏惧又仇视的后金。天命四年（1619 年）七月，其在铁岭援助明军对抗后金。对此，《清实录》中有记载：

> 上率贝勒诸臣统兵攻明之铁岭城。
>
> 蒙古喀尔喀部落贝勒介赛，扎鲁特部落贝勒巴克巴，牙尔图戴青台吉色本

---

① 《清实录》第一册，《清太祖实录》卷三，第 47 页，北京：中华书局，1987 年影印本。
② 中国第一历史档案馆译注：《满文老档》，北京：中华书局，1990 年版，第 99 页。

及小台吉等三十余人，共引兵万余星驰而至。……上曰此介赛兵也，吾恨介赛有五，今又先杀吾人，何悔焉。众贝勒大臣遂率兵奋击，败其兵。追至辽河。溺水死及阵斩者甚众。擒介赛并二子色特希尔、克石克图及扎鲁特部落巴克、色本，科尔沁部落贝勒明安子桑阿尔寨，介赛妹夫代噶尔塔布囊及其臣十余人，兵百五十人。……令介赛从者字罗齐及十一人还。寄语所部，述蒙古兵大败，介赛及六贝勒兵百五十余人悉为我国所擒。乃班师。①

此次事件之后，努尔哈赤尽管大获全胜，完全可以将恨之入骨的介赛及其势力集团斩草除根，起到对其他蒙古部落首领以儆效尤的作用，但是为了顾全满蒙联盟需要强化的政治大局，努尔哈赤只是把介赛等人作为人质，目的是要换取同扎鲁特部的结盟，同时也是再次向其他内喀尔喀部落展示后金对蒙古的宽容与大度，表达满蒙和平结盟的政治诚意。此一策略很快奏效。

一方面，天命四年（1619 年）十一月，努尔哈赤命后金大臣携带誓词，与喀尔喀五部落来使会于冈干塞戒勒黑地结盟立誓曰："今满洲十旗执政贝勒，与蒙古国五部落执政贝勒蒙天地眷佑，俾我两国相与盟好，合谋并力，与明修怨。吾二国同践盟言，天地佑之。二国如一，共享太平"。② 这标志着内喀尔喀五部正式与后金盟誓和好、合谋并立、共同对付明朝。

另一方面，作为内喀尔喀五部中势力最强的介赛贝勒也彻底向后金称臣归附，后金通过盟誓、宴赏、联姻等方式有效地控制了扎鲁特部。对此，《清实录》中记载：

天命六年（1621 年），喀尔喀部落以畜产一万赎贝勒解赛，送其二子一女为质。

---

① 《清实录》第一册，《清太祖实录》卷六，第 87—88 页，北京：中华书局，1987 年影印本。
② 《清实录》第一册，《清太祖实录》卷六，第 93—94 页，北京：中华书局，1987 年影印本。

上刑白马祭天，俾介赛誓。赐貂镶朝衣。猪狸孙裘各一。命诸贝勒送介赛至十里外。设宴，祖其行。乃以素质女与大贝勒代善为妃。

上谕诸贝勒曰：介赛与二子俱留我国，恐彼所有人民畜产尽为族中昆弟侵夺。可令其二子更番往来。一子在彼，保守人民畜产。一子在此侍父若介赛归期。俟与五部落喀尔喀贝勒同征明，得广宁之后，再酌之可也，于是赐介赛子克石克图，貂裘、貂镶朝衣、猎利扮裘及靴帽、袍带、鞍马令还。①

可见，满族统治者正是综合运用分化瓦解、笼络、征战等"恩威并举"的政策为战略导向，使内喀尔喀诸部陆续接受后金附有条件的身份保护、物质赏赐等，尤其是所赐庄田和奴仆，这就使得蒙古部落首领逐渐被演化为后金政权统治下的封建领主。由此，内喀尔喀五部即为后金所驾驭。

（三）察哈尔部的归附

漠南察哈尔部曾是北元蒙古政治中心，统帅该部的林丹汗是成吉思汗、忽必烈汗和达延汗黄金家族嫡系大汗。他少有大志，十三岁时就继祖父之位成为后来黄金家族的末代大汗，手握元朝传国玉玺、拥有忽必烈时用千两黄金铸成的嘛哈噶喇佛像，这是北元最高统治者的权力象征，林丹汗也凭此以"蒙古各部的共主"自居。但此时已是蒙古汗权衰弱、诸部割据、为政一方的时期，大汗只是名誉上的"共主"而已，各部彼此之间因争夺牧场、生蓄或贡市等常常发生内斗，离心倾向已是日趋严重。因此，林丹汗企图实现统一大漠蒙古的政治目标在客观上已失去了可能。

但林丹汗自持实力雄厚，号称统领四十万蒙古，不仅恃强凌弱于漠南蒙古的其他部族，并且因依仗明朝而对后金态度骄横。天命四年（1619年）十月，努尔哈赤收到林丹汗遣使致书，书信的核心内容即是：

---

① 《清实录》第一册，《清太祖实录》卷八，第113页；卷七，第94页，北京：中华书局，1987年影印本。

统四十万众蒙古国主巴图鲁成吉思汗问水滨三万人满洲国主英明皇帝。

……若不从吾言，则吾二人是非，天必鉴之。①

这种盛气凌人的口吻足见林丹汗对满洲后金的蔑视与狂妄挑衅的态度。此时的后金并不示弱，在对付察哈尔的战略上也是咄咄逼人，首先采取分化瓦解的策略，积极加快争取与蒙古科尔沁部、内喀尔喀五部的结盟步伐，以期共同对抗明朝，意在削弱与打击林丹汗之势。其具体缘由是：一方面，明朝政权对察哈尔部而言，是满足林丹汗把控于明"贡市"权力的前提与基础，这既是察哈尔富国强兵的经济需求所驱使，也是威胁向其他需要与明朝通贡的蒙古诸部的凭借，从而凸显林丹汗"蒙古共主"地位的政治需要；另一方面，此时明朝政权虽已处弥留之际，但仍是掣肘后金实力稳步扩张、向蒙古内部渗透的主要屏障。因此，结盟陆续归附努尔哈赤的科尔沁部、内喀尔喀五部共同抗明，无疑是对察哈尔部的釜底抽薪，不仅大大削弱林丹汗在漠南蒙古的统辖势力，而且使他丧失了利用明朝既壮大察哈尔部又制衡后金的操控力。

其实，努尔哈赤也曾尝试拉拢林丹汗与之结盟，共誓同抗明朝，《清实录》记有天命五年（1620年）正月，努尔哈赤遣使赍书林丹汗：

阅察哈尔汗来书，以不足三万人之国，乃远引陈言，骄语四十万，而轻吾国为三万人，天地岂不知之。……愿与天地眷佑之主合谋，以伐深仇之明。如是立言，岂不甚善与。②

对于努尔哈赤的结盟之辞，自视肩负统一蒙古大业的林丹汗并未接受，于是察哈尔

---

① 《清实录》第一册，《清太祖实录》卷六，第92页，北京：中华书局，1987年影印本。
② 《清实录》第一册，《清太祖实录》卷七，第95—96页，北京：中华书局，1987年影印本。

部与后金结盟未果，但也由此表露了后金已探明察哈尔虚实，不畏林丹汗不过虚有声势的态度。于是，努尔哈赤一方面集结军力对付明朝，以断林丹汗政权的外部依赖。努尔哈赤进入辽沈地区后势力大增，八旗劲旅屡败明军，明朝政权日渐不支、岌岌可危。另一方面，努尔哈赤擅用结盟、联姻、赐赏等拉拢抚绥的措施使蒙古诸部投靠后金，以损林丹汗政权的内部基础。而林丹汗仍自恃兵强马壮，横行漠南，不断发兵攻打各部，掠夺人口、牲畜，试图以武力确立蒙古共主的实际权威，但实际上却催化了其内部分崩离析加剧的局面。随之，察哈尔的敖汉部、奈曼部对林丹汗越发不满，开始与后金遣使通好；林丹汗之孙扎尔布台吉、色楞台吉也逃往科尔沁转至后金，向努尔哈赤叩首行礼。林丹汗还为抵御后金对其附近部落的瓦解，着力讨伐与后金结盟的科尔沁部，天命十年（1625年）十一月，林丹汗亲自率兵征讨科尔沁部，但在后金的援助下，林丹汗的军事进攻失败。林丹汗的征伐不仅没有达到驯服科尔沁部的目的，反而把科尔沁部推向后金的怀抱，从此，科尔沁部完全脱离林丹汗政权，最终归附后金。后金的军事力量与政治影响无疑增强，而林丹汗的势力不仅被削弱，更严重的是蒙古民族共同体的政治实体由溃散状态真正走向解体。就在林丹汗政权危在旦夕之际，努尔哈赤抓住有利时局与战机，于天命十一年（1626年）四月，率后金大军向察哈尔发动首次正面军事进攻并大获全胜，"上率诸贝勒大臣统大军征之。获畜产无算，取之不尽，乃还"。① 后金连克林丹汗的无敌军威，使诸多蒙古贝勒、台吉因后金勃兴的潜在威势而疑惧丛生。林丹汗所属部乌珠穆沁、苏尼特、阿巴嘎二部、浩奇特等纷纷逃到漠北喀尔喀。不久，敖汉部首领都令、色令与奈曼部首领黄把都儿率众正式归附后金。由此，林丹汗处于左翼蒙古各部失控的艰难处境之中，因而败走西征右翼蒙古诸部，准备积蓄力量继续抗金。

努尔哈赤之子皇太极，于天命十一年（1626年）九月，继后金汗位，以次年为天聪元年。皇太极继续对漠南蒙古诸部采取威胁利诱、分化瓦解、各个击破的征抚措施，进而加快彻底征服林丹汗察哈尔部的步伐。1628年，后金再次主动进攻察哈尔部，将林丹

---

① 《清实录》第一册，《清太祖实录》卷十，第135—136页，北京：中华书局，1987年影印本。

汗西征期间所遗余部收拾殆尽。1631年，林丹汗返回故地，并再次东征刚刚归附于后金的阿鲁科尔沁部。1632年4月，后金组织强大的满蒙联军以救助阿鲁部而发起大规模军事进攻，皇太极亲自率兵对阵林丹汗。由于内部意见分歧和准备不足之缘故，这次战役林丹汗再次败退西撤。1634年（天聪八年）夏，陷入无尽军事与政治双重孤势之中的林丹汗病逝于青海。1635年2月，皇太极命其弟多尔衮等率兵西行，彻扫林丹汗残部，获元朝传国玉玺，而嘛哈噶喇佛像也为皇太极所有。象征蒙古汗统的传国玉玺及供蒙古诸帝奉祀的玛哈噶喇佛像传入后金手中，不仅标志着察哈尔林丹汗的败亡，而且意味着成吉思汗黄金家族长达428年的统治时代就此画上了句号。

1636年四月，皇太极在盛京（今沈阳）召开盛大会盟，漠南蒙古十六部四十九旗王公贵族与后金百官参加，共推皇太极"博格达彻辰汗"，即宽温仁圣皇帝。皇太极建国号为大清，改元崇德，由此称帝。此时参加大会的漠南蒙古十六部为：察哈尔、科尔沁、扎赉特、杜尔伯特、郭尔罗斯、敖汉、奈曼、巴林、土默特、扎鲁特、四子部落、阿鲁科尔沁、翁牛特、喀喇齐哩克、喀喇沁和乌拉特部。会上皇太极对蒙古部王公台吉分别封以亲王、郡王等爵位，赐以达尔汉诺青等号。从此皇太极不仅是大清帝国的皇帝，而且也成为漠南蒙古各部封建贵族的汗王。到1667年，漠南蒙古各部相继全部归附于清朝，这就为清朝正式颁布与实施蒙古朝贡法律制度提供了基础条件。因漠南蒙古是最早臣服于清，尤其以科尔沁部与清廷关系密切为典型，故而漠南蒙古在清代蒙古朝贡法律制度中被称为"内札萨克蒙古"。

综上可知，自天命至天聪年间，清朝统治者在征抚漠南蒙古的过程中，善察明朝同蒙古的矛盾、漠南蒙古诸部之间的内斗，因而采取区别对待的策略，基本降服漠南蒙古全境，并最终归附清朝组成蒙古八旗。清朝达到对漠南蒙古统治的确立，不仅打通了从西北攻入中原的战略入口，而且强化清太祖努尔哈赤时所开创的满蒙联盟政策，并依靠这一政策巩固了清朝政权的强大，从而奠定了漠北蒙古、漠西蒙古归附的基础。

二、清朝对漠北蒙古的统治

喀尔喀原为蒙古大汗直属六万户之一，因牧地在喀尔喀河而得名，又称漠北蒙古。17 世纪 30 年代，漠北喀尔喀蒙古形成以左翼土谢图汗部和车臣汗部、右翼扎萨克图汗部等三大主要部落。三汗部都是达延汗后裔，虽同出一源，但互不统属，各自为政，并未形成统一。同属喀尔喀左翼的土谢图汗部与车臣汗部关系十分紧密，同属喀尔喀部的右翼札萨克图汗部却与左翼两部关系不甚紧密。随着漠南蒙古诸部接受了清朝统治、察哈尔林丹汗去世而蒙古政治中心的彻底没落，封建割据的漠北喀尔喀蒙古就暴露在清朝的兵锋之下，由此也拉开了喀尔喀三部陆续与清朝政治接触的历史帷幕。

天聪九年（1635），清军彻扫察哈尔残部，外喀尔喀部诸汗得知消息，派出使者密切关注后金动向，并以使者送达的一封"喀尔喀马哈撒嘛谛色臣汗等致天聪汗书"表达了对后金的政治态度，内容如下：

> 马哈撒嘛谛色臣汗、土谢图汗、色臣济农等大小诺颜献书于水滨六十三姓之主天聪汗。献书缘由：汗王以国政及享誉四海之美名为贵。愿同求昌兴政教之首业。我等六土绵之主未能驾御。彼虽未能驾御，然其汗统与我同宗，故今仍守此大业。若念及此大业，则愿互派使臣通好不绝。如此，方可谓获此贵身，享有权势之汗也。使臣姓名噶日玛乔伊巴尔色臣班第达。①

其中，马哈撒嘛谛色臣汗又译马哈撒嘛谛车臣汗，名硕垒；土谢图汗，名衮布，号土谢图汗；色臣济农又译车臣济农，名多尔济，号色臣济农，后来崇德七年八月，皇太极封其为扎萨克和硕亲王，留车臣号，诏世袭罔替。可见，漠北蒙古喀尔喀左翼车臣汗与土谢图汗率先与后金——清取得政治联系，并表达了不与后金为敌的态度，当然，这

---

① 中国第一历史档案馆：《天命天聪年间蒙古文档案译稿》（中），《历史档案》，2001 年第 4 期。

并不代表此时的喀尔喀左翼有臣服于后金——清之意,只是表达了愿以对等身份与清交往的意向。但是皇太极并不满足于此,而是把天聪年间喀尔喀三汗先后遣使表示通好之举视为他们的归附称臣之意,尤其是 1636 年(崇德元年),皇太极在漠南蒙古诸部参加的盛京大会上称清帝之后,更是利用一切可用的条件与手段,开始介入对漠北喀尔喀事务的直接干预。同年,车臣汗硕垒与明朝互市而遭到皇太极遣使威胁:"今尔与明市马,是助明也。尔当以察哈尔为戒。"①受到如此诘问,车臣汗硕垒一方面遣使向清廷述明缘由,一方面停止与明互市。又因为扎萨克图汗素巴第谋掠归化城,而遭皇太极亲征大败逃走,后来遣使谢罪。在如此情形之下,土谢图汗和车臣汗也各遣使送礼,与盛京修好,双方出现了和平通使互动的局面。自此,清朝开始着意于对漠北蒙古统治的逐渐加强。

崇德年间,喀尔喀部就开始进贡"九白",顺治朝对其设八扎萨克,分左右二翼,至"康熙二十八年,被噶尔丹所侵,款塞内附"②,即是康熙年间正式归附清朝。喀尔喀蒙古归附于清朝,经历了一个由通贡贸易到正式臣服,从时战时和到清廷初步确立对漠北蒙古统治秩序的复杂过程。在对漠北蒙古统治的确立过程中,喀尔喀三部对清朝的朝贡虽然也是处于时断时续的状态,但却始终保持着如同过去中原王朝与边疆民族(四夷)那种具有政治象征意义上的主属关系。当然,这种复杂过程的出现与最终结果的形成,是由于在几乎整个 17 世纪,喀尔喀蒙古地区始终动荡不安的历史事实中所促成。

一是,清朝平定"腾机思叛清"事件。1646 年,原来曾属于车臣汗的苏尼特首领腾机思因与摄政王多尔衮不和而反叛,清廷却认为腾机思是受车臣汗唆使。故而,在派兵追击腾机思时,深入漠北与车臣汗、土谢图汗部交战。顺治皇帝甚至特意下令"若遇硕垒,若能擒获,可擒来"的武力征缉。在清廷强大政治与军事的压力下,车臣汗与土谢图汗于次年遣使于清朝行"谢罪"之礼,重修与清廷友好。这一事件的平定,不仅严重

---

① 赵尔巽等撰,《清史稿》卷五百二十一,列传三百八,"藩部四,车臣汗部",北京:中华书局,1977 年版。

② (清)《理藩院则例》,"柔远清吏左司上",乾隆内府抄本。

地打击了左翼喀尔喀势力，而且对整个外喀尔喀形成有力震慑，奠定了清朝征服外喀尔喀蒙古的基础。

二是，皇太极时期，虽然已全面收复漠南蒙古，但是清朝统治者依然认为蒙古势力对自身政权的影响是不容乐观的，对于漠北喀尔喀蒙古仅逐年朝贡于清廷也并不满足。如崇德八年，皇太极敕谕朝鲜国王时所言："蒙古部落六万之众，已归附五万，惟喀尔喀人万余已服其半。其一半因地方遥远，尚未驯服我制。虽然，每岁尚遣使来朝，进贡土产或本地驼马。"① 这说明此时喀尔喀并非完全处于清朝的牵制之下，而筹谋如何对外喀尔喀"分而治之"则是清廷的必然选择。1638 年，右翼扎萨克图汗素班第率部来到归化城北，意欲依照惯例与明朝贸易。清廷认为这是"似欲犯我城"，皇太极亲征此处，于是出现了从 1638 年到 1657 年间，右翼喀尔喀与清廷"冷战"的状态。但实际上，"1647—1655 年是外喀尔喀方面向清廷逐渐让步，双方关系重新修复的时期。其间外喀尔喀三部态度并不一致。左翼土谢图汗、车臣汗两部较为温和，右翼扎萨克图汗部则颇为强硬"。② 据此，清廷针对态度强硬的右翼扎萨克图汗部，采取孤立该部并禁止与之贸易往来的策略，并鼓励和厚待从右翼逃来之人，从而迫使右翼喀尔喀接受更多的臣服条件。1647 年，俄木布额尔德尼与扎萨克图汗素班第联名上表，向清帝归诚通好。

三是，由于喀尔喀蒙古社会自身的向心力缺乏而离心力增强，导致内部矛盾与纷争日渐增强，从而出现蒙古权贵之间各自为政、称雄一方的分裂局面。喀尔喀蒙古内部常常围绕土地、人畜和汗位经常发生争斗，喀尔喀社会处于内讧不已的状态，这使蒙古社会经济发展失去了应有的物质条件，而社会实力存在与延续的物质条件匮乏时，必然影响喀尔喀蒙古政治实力与军事实力的充实。17 世纪 50 年代，土谢图汗衮布、车臣汗硕垒、扎萨克图汗苏巴第等相继去世。1650 年，扎萨克图汗苏巴第之子诺尔布毕席勒尔图

---

① 《清初内国史院满文档案译编》（上），中国第一历史档案馆，北京：光明日报出版社，1986 年版，第 520 页。

② 张永江：《试论 17—18 世纪蒙古各部成为清朝藩部的途径与方式》，《蒙古史研究》（第六辑），2000 年 6 月。第 203 页。

继承汗位。之后，毕席勒尔图汗死后，其二子旺楚克继位。1662年，扎萨克图汗旺楚克遭到杀害，毕席勒尔图汗之长子绰墨尔根被扶植为新的扎萨克图汗。由此，喀尔喀右翼扎萨克图汗部内乱不休而致该部许多属户逃往土谢图汗处，甚至横越瀚海而投奔清朝。土谢图汗察珲多尔济和丹津喇嘛出兵干涉，迫使扶植绰墨尔根的党羽逃往准噶尔寻求庇护，而绰墨尔根也被废黜。新继位的扎萨克图汗成衮，索要逃往土谢图汗部的人畜，却遭到土谢图汗的拒绝。成衮欲借达赖喇嘛向土谢图汗施压，未果。在此状况下，新的扎萨克图汗成衮只好向清廷陈奏，期望获得清朝支持。这就为清朝逐步实现在外喀尔喀确立政治统治创造了客观条件。与此同时，清朝统治者迅速向喀尔喀蒙古伸出了"朝贡"这一经济利益回报丰厚的橄榄枝，当然是要求喀尔喀蒙古在政治上要臣服于清廷，并与清朝形成政治上遣使通好的良好关系，才有机会获得朝贡贸易这一渠道中所具有的丰厚物质利益。这为喀尔喀蒙古社会归附于此时实力倍增的清朝提供了现实可能。

四是，沙俄与清朝的边境之争、漠西蒙古准噶尔联合沙俄企图介入漠北喀尔喀蒙古的局势，这些历史机缘在很大程度上刺激了清朝更加重视并加速对漠北喀尔喀蒙古的统治建立。自16世纪末，俄国人就越过乌拉尔山，东进整个亚洲大陆北部的西伯利亚地区，并对与中国北部边疆全线毗连的蒙古地区垂涎不已。俄国征服西伯利亚是以自西向东的趋势推进，于是首先把蒙古的西北部归入自己的战略部署中。沙皇政府不断诱迫该地区的蒙古封建主"臣服俄国"，并力图以该地区作为探明前往当时中国领土的基地。因此，清廷首要的边防部署就是排除暗通沙俄的漠西蒙古准噶尔势力对漠北蒙古的干预，以此斩断沙俄进犯中国境内的后路。漠西蒙古准噶尔部噶尔丹的政治理想就是重建包括喀尔喀在内的统一大蒙古帝国。为了实现自己的政治理想，噶尔丹借助达赖喇嘛为首的西藏统治集团的大力支持，肆意破坏蒙古地区的安宁，并利用喀尔喀的内部纷争而觊觎喀尔喀，甚至违背已向清廷称臣纳贡的事实，与俄国侵略势力相互勾结，以牵制清廷而力求自身夙愿的实现。这对于已主政中原、力图巩固统一格局的清廷统治者而言无疑是重磅冲击。

1688年初，噶尔丹兴兵3万，征伐左翼喀尔喀土谢图汗和哲卜尊丹巴呼图克图。土谢图汗大军与噶尔丹兵在鄂罗会诺尔鏖战三日，因势单力弱而兵败，越瀚海联合其弟哲布尊丹巴呼图克图"吁请内附于清"。于是，喀尔喀十万余众南下投清，"于九月投漠南款关乞降"。[1] 土谢图汗上奏称："谨率自古以来历世所辖左翼及相附之右翼诺颜等同请归，依皇上大厦，伏乞大沛，鸿恩劻救。臣等朔日吉旦遣奏。"[2] 如此，清朝顺理成章地欣然应允了喀尔喀请降的要求，并且善待前来请降或逃亡的人员，即所谓"其诚心请降，应予受而养之"。[3] 由于喀尔喀牧民在战乱中多逃往内蒙古，康熙帝便谕命尚书阿喇尼前往安抚之时，准予"发归化城、独石口、张家口二口仓储并赐茶、布、牲畜十余万以赡之，暂借科尔沁草地使其游牧"。[4] 由此，清朝政府将逃来喀尔喀之人安置在乌珠穆沁、浩齐特、扎赉特、阿巴噶、乌喇特、茂明安、四子部落等各部游牧地的界内或界外。当喀尔喀诸部受迫于噶尔丹大军而"款塞内附"之时，清朝不但没有乘人之危，还特许他们驻牧内蒙古，不断恩厚赡养这些疲于战祸的蒙古贵族，使得他们深感清朝皇帝的再生之德。这也为后来喀尔喀蒙古接受对清廷朝贡并心悦诚服地正式归顺清朝打下了良好的基础。

可见，当时清朝统治者处理这一事件的方式对喀尔喀归附产生了正面影响，增强了清朝对蒙古民族的吸引力，成为漠北喀尔喀蒙古内聚于清的一个重要因素。1690 年清朝利用乌兰布通战役，打败准噶尔军，挫败噶尔丹的锐气。在此对清廷极为有利的政治时机之下，康熙帝提出："喀尔喀向来虽经进贡，但伊汗从未尝输诚来朝。而喀尔喀诸汗亲率所属数十万众倾心归附，一切行赏定罚、安插抚绥关系甚大，所以朕躬前往巡狩"。[5] 于是，康熙三十年（1691）四月，康熙帝亲率文武百官及上三旗官兵，由张家口出边"抚绥"蒙古，派遣兵部尚书马齐前往多伦诺尔安排会盟礼仪。届时外蒙古汗济

---

① 《清圣祖实录》康熙二十七年，九月丁丑条。来源：中国第一历史档案馆。
② 《亲征平定朔漠方略》卷五，西藏学汉文文献汇刻，中国藏学出版社，1994 年版。
③ 《清圣祖实录》康熙二十七年，九月丁丑条。来源：中国第一历史档案馆。
④ 《清圣祖实录》康熙二十九年，九月甲申条。来源：中国第一历史档案馆。
⑤ 《亲征平定朔漠方略》卷九，西藏学汉文文献汇刻，中国藏学出版社，1994 年版。

农台吉等三十万人列于右，以土谢图汗察浑多尔济为座次之首，与众百官朝见康熙帝。正是通过多伦会盟，清朝开始在喀尔喀蒙古实行内扎萨克蒙古的设旗编佐制，在保留喀尔喀三部汗号的基础上，去其原有的济农、诺额之名，与内蒙古四十九旗一例编设，并对三部各济农诺颜等封以亲王、郡王、贝勒、贝子等爵。从此，漠北喀尔喀蒙古正式列入清朝版图，成为清朝的北部屏藩，防备朔方，比长城更为坚固。这对于加强清朝北部边防、巩固统治具有重要意义，有利于抵御沙俄入侵，有利于恢复喀尔喀民众因战乱受到破坏的生产、生活。由此，清朝确立了在漠北蒙古的统治。

三、清朝对漠西蒙古的统治

明清之际，大漠以西的蒙古各部被统称为漠西厄鲁特蒙古，也被称作卫拉特蒙古、准噶尔蒙古，是我国蒙古族的一个支系，位于我国西北地区。其实，厄鲁特蒙古的族源可以追溯很远：蒙元时期，我国史籍一般称为"斡亦剌"，明朝时期，我国史籍一般称为"瓦剌"，到清初，我国史籍又多称为"卫拉特""额鲁特"或"厄鲁特"。到 17 世纪 30 年代，漠西厄鲁特蒙古经过二百多年的发展演变，形成了以和硕特、准噶尔、杜尔伯特、土尔扈特、辉特等为主的几大各有首领、互不统属的部落。到 17 世纪上半叶，游牧于巴尔喀什湖以东以南、伊犁河流域一带的准噶尔部，由于所占之地水草丰盛、土地肥沃、交通便利，畜牧业经济因而得到长足发展。准噶尔部的经济实力雄厚，加之巴图尔珲台吉的有力领导，使准噶尔部的政治、军事力量也随之增强，并逐渐跃居众部之首。伊犁河谷地区成为厄鲁特中部政治、经济、文化、宗教、军事等中心，而伴随着准噶尔部强大的是对其他各部的排挤或征伐。1630 年前后，土尔扈特部被迫西迁俄罗斯境内的伏尔加河流域。之后，和硕特部被迫开始大规模的迁徙。一方面，该部首领固始汗，率大部分属众自天山以北迁至青海一带，并于崇德七年（1642 年）进入西藏之后获得统治西藏的最高权力。此后，青藏高原一直由固始汗及其长子达延、其子孙掌控西藏，其余诸子共同掌管青海，史称"青海八台吉"。就此，随固始汗迁徙的和硕特部众形成了青海蒙古势力。另一方面，仍游牧于天山北路一带的则是固始汗之兄拜巴噶斯的两个儿子鄂齐尔图、阿巴赖，以及拜巴噶斯养子巴延阿布该阿玉什的 12 个儿子。但1677 年前后，准噶尔当权者噶尔丹为了巩固自身统治，不断征伐周边厄鲁特部，致使这一地区被打败的蒙古贵族都举部逃散至西套地区定居，这其中就包括巴延阿布该阿玉什长子和罗理（巴图尔额尔克济农）等厄鲁特贵族，他们共同组成了西套蒙古或阿拉善蒙古。而杜尔伯特部、辉特部也被迫屈服于准噶尔部，为准噶尔部所控制与役使。由此，准噶尔部统治了额尔齐斯河上游、叶尼塞河上游和伊犁河流域等广大地区，逐渐成为我国西北地区一个强大的地方政权。待清朝入关主政中原之时，准噶尔已成为整个漠西厄鲁特蒙古的泛称，势力增长之迅捷甚至直接能与清廷相对抗。因此，清朝在确立对漠西蒙古的统治政策时，主要是从征服准噶尔部入手兼涉青海蒙古与西套蒙古问题。

青海蒙古在固始汗时期，与清廷保持遣使往来的友好关系。1637 年，固始汗打败青海的却图台吉之后，完全控制了青海地区。与此同时，作为一股新兴的政治势力而屹立于中国政治舞台的清朝，对于正在寻求外部支持的固始汗而言是急需攀附的外联力量，因此向当时仍在盛京的清朝派出友好使者是最为明智的政治选择。崇德二年（1637 年）十月，固始汗的使者到达盛京，不仅携带表达固始汗与清修好的文书，而且携带马匹、白狐皮、獭喜兽、绒毯等贡物。① 这是清朝与青海厄鲁特蒙古开始正式接触的标记。崇德七年（1642 年），固始汗取藏巴汗而代之登上西藏最高王位，为使自身统治获得外界认可与支持，固始汗派出以其侄孙为代表的使团赴盛京，以期获得与清朝的友好往来而得到外部依靠。这恰恰与皇太极想借厄鲁特蒙古势力以安定蒙藏地区、拓展清廷政权的控制范围，从而为入主中原并一统天下的政治目的正好吻合。故而，"上亲率诸王贝勒大臣，出怀远门迎之"，② 并予以使团来者极高的礼遇，"赐大宴于崇政殿，仍命八旗诸王贝勒各具宴，每五日一宴之，凡八阅月"。③ 次年，清太宗致书固始汗，表达对固始汗

---

① 《清太宗实录》崇德二年，十月丙午条。来源：中国第一历史档案馆。
② 《清太宗实录》崇德七年，十月己亥条。来源：中国第一历史档案馆。
③ 《清实录》第二册，《清太宗实录》卷六十三，第 516 页，北京：中华书局，1987 年影印本。

消灭"违道悖法"的藏巴汗的理解和支持。这不仅使固始汗得到了外部支持，尤其是获得清廷对其政权正当化的认可，而且使清廷也从中觉察到如何利用并把控青海蒙古的策略，由此青海蒙古与清朝中央政府互通使臣友好往来的历史阶段正式开始。顺治九年（1652 年），因为达赖喇嘛的进京而使清朝与固始汗之间的关系进入了发展的黄金时期。固始汗和达赖喇嘛接受了清廷的册封，虽然这并不能代表青藏地方势力与清朝中央政府具有了明确的臣属关系，但却显示了册封边疆民族首领这一羁縻手段已成为清廷逐步确立对青海蒙古统治的策略。据此出现了青海蒙古沿边相安无事并与清廷贡使不绝、和睦交往的二十年，这为双方关系的进一步发展打下了坚实的基础。

　　但是，固始汗的去世却使这一友好往来的关系出现了波折。从顺治十三年（1656 年）至康熙十六年（1677 年）之间，青海蒙古虽仍遣使朝贡不断，但也在甘凉沿边发生多次青海蒙古犯边之事。顺治十三年（1656 年）八月，清廷指责青海厄鲁特蒙古"频犯内地，劫夺马牛。拒敌官兵，率领番彝，威胁抢掠。该地方督抚巡按，奏报二十余次"。[①] 而清廷对此也是明确了对青海蒙古的政治态度，认为"如蒙古劫夺事实，即当按数赔偿；如系地方官诬诳，罪有所归，非尔等之咎；倘番夷在故明时原属蒙古纳贡者，即归蒙古管辖；如为故明所属者，理应隶入中国为民，与蒙古又何与焉？其汉、蒙古，所定居地址与贸易隘口，详加查核。照旧分定耕牧，毋得越境困扰"。[②] 这表明，清廷释放了希望与青海蒙古和睦相处且厚待青海蒙古的政治信号，但尽管如此，双方关系依然较为紧张，以至于在康熙十三年（1674 年）夏三藩之乱爆发之际，青海蒙古竟趁清廷全力投入平定三藩之乱而大行犯边之举。

　　但此时却遇雄峙西疆的准噶尔部噶尔丹开始谋划吞并青海蒙古。对于噶尔丹的武力征服，青海蒙古诸部早有耳闻，面对自身部族的存亡，青海蒙古选择了一向宽纵待己且也受噶尔丹势力掣肘的清廷作为投靠对象，认为只有依附清廷才能获得抵御噶尔丹军事

---

① 《清世祖实录》顺治十三年，八月壬辰条。来源：中国第一历史档案馆。
② 《清世祖实录》顺治十三年，八月壬辰条。来源：中国第一历史档案馆。

攻击的庇护。康熙二十年（1681年）平定三藩之乱后，清朝中央政府开始集中力量全面对付噶尔丹，青海蒙古进一步表达了对清廷的归顺态度。当然，清廷对青海蒙古也是采取"招抚""羁縻"等政策，不仅给予青海蒙古上层权贵以清廷封号以及由封号而带来的更多地位保障，而且允许青海蒙古的朝贡使团扩大朝贡贸易的数量与范围。这些具有政治与经济双重利益诱惑的措施，确实发挥了促使青海蒙古逐渐向清廷臣服的作用。康熙三十六年（1698年），清朝展开了对噶尔丹的大规模征剿。乌兰布通之战和昭莫多之战相继大败噶尔丹。此时，青海诸台吉会盟察罕托罗亥，以达什巴图尔为首决议归顺清廷。同年冬，以达什巴图尔为首的青海诸台吉到达了北京。康熙三十七年正月，清朝又封"达什巴图尔为亲王，土谢图戴青纳木扎尔、额尔得尼为贝勒，彭楚克为贝子"，其余封授有差。① 此后，清廷陆续对来朝的青海蒙古台吉授封号。"青海向虽修贡，未隶臣属，今举部归诚"，② 由此清朝开始确立对青海蒙古的统治。从雍正元年至三年，这一时期不仅是清朝统一青海、设旗编佐并进而完全取代和硕特汗廷对青海的统治，而且还设定新的统治措施，陆续颁布治理青海的《青海善后事宜十三条》和《禁约青海十二事》，至此控制与管理青海和硕特部的事务完全纳入清王朝的统治轨道，这为蒙古朝贡法律制度的最终确立与实施提供了重要的现实基础与制度条件。

西套蒙古，其部民成分较为复杂，既有以和罗理为首的和硕特部民，又有以罕都等人为首的准噶尔部民，他们迁到西套的时间先后不一且人数众多，因此，他们之间的关系也颇为错综复杂，但是他们都是由于受到准噶尔部噶尔丹势力的威迫，为挣脱噶尔丹的武力侵袭而迁至西套地区，由此逃亡于黄河河套以西的这些部民就组成了西套厄鲁特蒙古。

为了生存，西套蒙古部众经常闯入边塞，掳掠乌拉特、鄂尔多斯及宁夏等地，造成清朝西北边境的动乱不靖。由此，清政府根据时局的发展和自身利益的变化不断调整针

---

① （清）祁韵士著：《皇朝藩部要略》卷十《厄鲁特要略二》，全国图书馆文献缩微复制中心，1993年版。
② 《皇朝藩部要略》卷十《厄鲁特要略二》。来源：中国第一历史档案馆。

对西套蒙古的政策，虽然耗时近 20 年之久但最终实现西套蒙古归附于清朝的政治目标。17 世纪后半叶，清朝忙于三藩之乱的平息之战，对突如其来的西北边患，只以被动化的驱逐和守卫为主要策略，甚至，清朝认为西套蒙古是噶尔丹的属民而要求噶尔丹予以介入，以避免清朝与其发生直面冲突，而此时的噶尔丹却无暇顾及西套问题。西套蒙古问题在长达数年内未获解决，其间，西套蒙古首领巴图尔额尔克济农多次向清廷提出尽快收归西套蒙古于旗下的恳求，但都未获清廷回应。直到清朝彻底平定三藩之乱后，于雅克萨之役两次战胜俄罗斯之时，在清朝整个局势明显松缓的背景下，清廷才决定依靠自身的解决途径面对西套蒙古问题。康熙二十五年（1680 年）五月，议政大臣们遵照康熙皇帝的指示，集议予以西套蒙古赐牧、赐敕、赐印等事宜。次年，巴图尔额尔克济农率部下入见清帝，康熙皇帝照大台吉厚赏之例，以上服貂裘赐之。

可见，此时的清廷对待西套蒙古的态度与以往形成鲜明对比，已经开始把西套蒙古视为自己的藩属，这从清廷对巴图尔额尔克济农等的接待方式与赏例中不难看出。而巴图尔额尔克济农等受到清朝的恩赐礼遇，不仅受宠若惊，而且更加坚定了归附清朝的信念。同年九月，清朝划定西套蒙古的统一牧地，即阿拉善地区。到康熙三十六年（1697 年），清廷对阿拉善编佐设旗、授扎萨克、纳入年班朝贡体系。至此，西套蒙古正式归附于清朝，清朝建立了在西套蒙古的政治统治。

准噶尔是与清朝对抗最久、归附清朝最晚的蒙古部落。准噶尔对清朝的态度，既有遣使通贡的和平期，也有长期对抗甚至征战的敌视期。准噶尔部与清朝遣使通贡的大体时期是从清军入关前后开始，到 1690 年噶尔丹侵入清朝管辖区域为止。1638 年，巴图尔浑台吉之弟墨尔根岱青派使者赴盛京贡马，[①] 之后准噶尔部就开始了与清朝时断时续通贡往来的互动期，直至噶尔丹执政之后遣使通贡日渐频繁。1679 年九月，"噶尔丹称为博硕克图汗，遣使贡献锁子甲、鸟枪、马驼貂皮等物"，[②] 这在清廷看来，准噶尔部正

---

① 《清太宗实录》崇德三年，十月庚戌条。来源：中国第一历史档案馆。
② 《清圣祖实录》康熙十八年，九月戊戌条。来源：中国第一历史档案馆。

在逐渐走向与喀尔喀蒙古一样的"职贡之国""纳贡之国"① 的藩属地位。在这一阶段中，准噶尔部与清廷的互动往来仍然是多以朝贡方式进行。

但是，康熙二十七年（1688年）五月，噶尔丹却以喀尔喀左翼的土谢图汗杀害胞弟为借口，率领3万多重兵大规模进攻喀尔喀蒙古的土谢图汗部。喀尔喀蒙古不仅伤亡惨重，而且部属领地皆被噶尔丹所占领，更为重要的是噶尔丹占据了喀尔喀，这对于大清北部边界的安定而言是极其重要的缓冲带。失去了这一缓冲带的防守，清朝统治者深感噶尔丹潜在威胁的迫近。于是清朝政府主动出面调停，康熙皇帝于1689年4月派使团前往准噶尔，申明噶尔丹兴兵之过，并通报土谢图汗和哲布尊丹巴已归附于清，以此警示噶尔丹不要再进攻喀尔喀。但噶尔丹的强硬态度，使康熙皇帝清醒地认识到噶尔丹欲统一蒙古诸部的野心必然祸及清朝北部边疆的安定，于是改变了对噶尔丹的策略，不再一味怀柔而是决定着手备战，出兵征讨。

1690年，噶尔丹仍以追击喀尔喀为名，深入漠南蒙古地区并一路直逼乌兰布通，距京师仅700多里。京师面临严重威胁，康熙皇帝决意亲率大军迎击噶尔丹。在乌兰布通战役中，噶尔丹兵败逃回漠北。清廷此时仍多次以和平招抚的方式企图化解与噶尔丹的正面冲突，但噶尔丹却对清朝的招降置之不理，反而顽强抵抗。清朝最终决断对噶尔丹"定当剿灭无遗"。② 1696年，清廷组织三路大军于昭莫多大败噶尔丹。噶尔丹部众分崩离析，不久噶尔丹便死于逃亡途中。之后，准噶尔汗国由策妄阿拉布坦执政，为了恢复元气，策妄开始对清朝采取"恭顺"态度。但在1715—1722年间，策妄却对清朝采取分势进攻，一路兵力与清朝争夺哈密，另一路兵力则占取西藏，直到1720年清军入藏才退回。此时，准噶尔汗国与清朝的关系以正面军事对峙为主。1750年，乾隆时期的准噶尔汗国内乱积聚，上层势力围绕汗位而互相厮杀，杜尔伯特部乘机降清。1755年清朝出兵攻下伊犁，拉开平准战争的序幕。在平准战争中，较早归附的部众接受清朝对其编旗

---

① 《清圣祖实录》康熙二十八年，十二月辛未条。来源：中国第一历史档案馆。

② 《清圣祖实录》康熙三十四年，十月壬子条。来源：中国第一历史档案馆。

设领，成为清朝的藩部属旗，而大多数部众却死于杀戮、疾疫，少数部众逃亡境外。乾隆二十二年（1757 年），准噶尔汗国彻底被征服，并被正式纳入清朝版图。

综上可知，从清朝对蒙古统治的确立过程看，蒙古地区的政治军事地位一直都为清朝统治者所重视。早期满族社会与蒙古尤其是漠南蒙古诸部之间存在特殊的血缘与地缘性关系，而漠北、漠西蒙古又对清朝边境的安宁与内地统一局势的巩固具有决定性的影响力，但是，由于蒙古诸部的具体势力状况有所差异且多数桀骜难驯，因此使得清朝统治者在蒙古地区建立统治的过程中始终贯穿着"和"的思想，以柔远之术的"绥抚"为主导策略，而武力征服则在对蒙政策中处于辅助地位。正是基于清朝对蒙古统治的政治需要，就要求统治者构架一种既能驾驭蒙古却又不与之敌对的制度体系，于是，清代蒙古朝贡法律制度就应历史之需而产生了。该法律制度既是以清朝对蒙古统治的需要为政治基础，也是清朝对蒙古地区控制力度不断扩张与加强的政治产物，更是清朝对蒙古统治的手段与措施在法律制度层面中的具体表现。

第二节　清朝中央政府有效调控地方的政治需要

"多元化的边疆格局"① 是《中国边疆经略史》对明末清初西北边疆形势的总体概括。17 世纪前后，衰落朽败的明朝政权已危如累卵，而此时却是明长城以北大漠高原地带的蒙古民族政权林立、群雄割据的时期，也恰是崛起于白山黑水之间的满洲政权雄踞东北、觊觎中原的时代。当时仅就中国西北边疆民族政权的形势而言，就"存在若干个民族政权，这些民族政权有的统属于明朝，有的不统属于明朝，有的甚至与明朝对抗。这种边疆多元化的格局状态持续达百年，至 18 世纪中叶才最后消失"。② 在这样的特定

---

① 马大正主编：《中国边疆经略史》，河南：中州古籍出版社，2000 年版，第 240 页。
② 郭成康等著：《康乾盛世历史报告》，北京：中国言实出版社，2002 年版，第 173 页。

政治环境下，作为一股强大的政治势力与军事力量的蒙古诸部，其向背就直接关系到明末清初时期的满洲贵族与明朝对抗的胜负，关乎着满族统治者所建立的政权能否入主中原以及主政中原后的持续性与稳定性。满族政权和明王朝之间，谁能够争取到蒙古的支持，谁就能够制约对方，甚至迅速打倒对方。满族统治者审时度势，认为争取到蒙古就可以扩充自己的势力，消除入主中原的后顾之忧，同时，为了实现最终统治蒙古诸部的政治目的，他们逐步开始以朝贡制度模式与蒙古互动交往。可见，清代蒙古朝贡法律制度即是清朝统治蒙古的重要手段，达到对蒙古的最终统治是清代蒙古朝贡法律制度建立的政治原因。

一、"羁縻以致怀远"的攻守兼备策略

自 1368 年，朱元璋领导的农民起义军推翻元王朝之后，元朝政权残余势力北退大漠高原建立北元政权，并企图以此为恢复昔日元朝统治的政治基地。虽在明初军队的强力打击下节节败退，但北元蒙古势力却始终并未放弃对明朝的进攻，并长期控制着甘肃以西哈密到吐鲁番等地直至青海、宁夏一带，还把持着由东向西的贝加尔湖、兴安岭山麓至天山一带、由北向南的额尔齐斯河及叶尼塞河上游直抵长城的大片领土，东面的藩属国高丽、西面的蒙兀儿斯坦、中亚的帖木儿帝国等都与之存在着相关联系。由此形成了北元政权与明朝长久对峙的政治局面。

但事实上，此时的蒙元势力虽然沿袭着作为同一民族共同体的社会传统，可是却已开始丧失作为政治共同体的现实可能，尤其是随着"黄金家族"势力的进一步衰弱，蒙古势力集团内部的政治分化与军事割据之势愈演愈烈，乃至为了夺取蒙古大汗之位，蒙古诸部内的派系斗争加剧、汗位更迭频繁，蒙古诸部完全处于分裂状态。尤其是以 1402 年"蒙古"（六万户）和瓦剌（四万户）之间因久存难解的利益隔阂而正式分裂为东、西蒙古为标志，相关学者对蒙古内部局势的这一变化认为："这一分裂不仅具有地理上

的意义，更重要的是在政治上永远分道扬镳。"① 这就进一步使得蒙古内部的分裂雪上加霜。东蒙古成为蒙古大汗所在蒙古汗国政权，西蒙古则形成由四部联合的松散政治联盟，史称"卫拉特联盟"。此后数十年，东、西蒙古为争夺蒙古高原的霸权而战祸频发。尽管有 1479 年巴图蒙克达延汗继位之后的铲除异己、整顿改革，并分封六万户、重新划分领地，取得蒙古局部地区的短暂中兴，但从此蒙古高原再未真正统一过。

延至 17 世纪，蒙古诸部上层势力集团之间就汗位之争的政治矛盾与军事冲突愈加激烈、复杂、残酷和公开化。不仅如此，当时整个蒙古社会面对的现状就是：于外承受着明朝的军事进攻，尤其是几次与明军大规模进军的交战失利；于内是蒙古统治集团内部围绕争夺大汗之位而相继往复发生的内斗。为应对如此内外政局，蒙古社会需要花费大量的军事和社会资源，这严重地削弱了蒙古的军事力量，进一步加剧了蒙古社会内部的分裂状态，北元时代的蒙古贵族企图恢复对全国统治的政治梦想只能化为泡影。

而蒙古诸部的分裂与势衰恰恰为满族统治者提供了一个逐步联合蒙古、控制蒙古，最终实现统治蒙古的重要历史契机。满族统治者看到蒙古诸部因内部政治斗争和外部与明对峙的军事冲突而日渐分裂与势衰的动荡局势，迅速意识到联合蒙古的可能性与必要性。蒙古诸部此时在军事实力上依然不可小视，但其社会内部的经济实力已经是整体元气大伤，此时，来自蒙古社会自身和明朝之外的第三方支援对蒙古诸部来讲是极为重要的，所以联合蒙古诸部是可能的。同时，满族统治者意欲扩大并巩固自身政权的发展，需要与明朝抗争，而蒙古诸部又与明朝对抗多年，这无疑寻找到了满族政权与蒙古诸部的共同点，即以明朝为共同的敌人。也只有联合蒙古诸部的势力，才能在军事上获得对抗并攻灭明廷的有力依靠，所以联合蒙古是必要的。

但是，如何能够实现既密切联合蒙古诸部，使其成为满族统治集团的联盟军，又能使满族统治集团对其施以有力的控制，防止其反过来对满族政权构成威胁，这就成为满

---

① 张永江：《试论 17—18 世纪蒙古各部成为清朝藩部的途径与方式》，《蒙古史研究》（第六辑），2002 年 6 月，第 200 页。

族统治者需要慎重应对与处理的关键问题。

于是，具有拉拢、羁縻色彩的朝贡体制模式就成为满族统治者针对蒙古问题解决的首选。利用朝贡体制模式，有利于蒙古诸部与满族统治政权的友好往来，满族统治者向蒙古诸部施以丰厚的礼物馈赠，对蒙古来使予以礼遇有加的款待，使蒙古诸部获得物质利益的满足与经济恢复的需要，表达了对蒙友好的政治态度，形成满族与蒙古族之间的密切交往，在政治关系与军事互助上提供彼此支援，由此紧密地联合了蒙古诸部。不仅如此，蒙古诸部经过连年的战争也需要补充内在实力的机会，满族统治者通过朝贡体制模式下的经济互动机制，逐渐控制了蒙古诸部的物质需求来源，这样就为其逐步统治蒙古诸部提供了有利条件。

可见，面对蒙古诸部的分裂与势衰，清朝采用朝贡体制模式不仅实现了与蒙古诸部的联盟，达到借蒙古之势不断扩充、增强满族政权稳定发展的效能，并最终战胜明朝取而代之，而且极为有效地获得了钳制蒙古诸部离散清廷中央各自独大发展的控制效果。清朝就是在不断依托朝贡体制模式并陆续创建针对蒙古诸部的朝贡法律制度内容中，实现了对蒙古诸部由联合到控制直至完全统治的过程。可见，蒙古朝贡法律制度的建立是争取蒙古为清朝所用的必要手段，并通过蒙古诸部与清廷中央关系发展的日益地方化趋势，更好地巩固了清代治国理政的"大一统"局面，有效排除了因多民族构成的复杂性社会关系变化与历史发展进程中可预估的不稳定因素，这也成为清代盛世出现的重要历史原因之一。

二、"分封以制其力"的平衡统合措施

蒙古朝贡法律制度的建立除了是作为争取蒙古诸部为清朝所用的必要手段之外，也是清朝对归附后的蒙古诸部实施"分而治之"的策略在法律制度层面上的具体化表现与现实化措施。诚如努尔哈赤所言："蒙古各部如云朵，集云则雨，其分散则如云晴雨住；

蒙古集聚则成兵患，吾等待彼之分散各个击破之。"[1] 这种认识与判断不乏出自亲近性与密切化的满蒙关系本身，但更主要的是，来自满族统治者重视吸取明朝处理对蒙关系时的经验与教训，来自清朝统治者对蒙古诸部的内在关系及权衡彼此的实力状况所做的利害分析。

由此，即明确了蒙古诸部对整个清朝政权命运的政治意义在于：一方面，蒙古诸部既可以是清朝政权实力扩充与主政中原的鼎力支柱，当然也可能是牵制清朝实现"大一统"政治抱负、羁绊清朝政权长治久安与稳固发展的重大威胁。

另一方面，若要征服并整合蒙古诸部的势力而为清朝所用，直接冲突与敌对将不仅有损于满族政权集团的军事实力的积累与所树立的政治权威，而且可能会造成清朝政权与蒙古势力两败俱伤的残局，这必将有害于满族统治者从确立后金政权到入主中原的政治扩张中所获得的既有统治利益。所以，在清朝实现统一化政权的过程中，其统治者始终对蒙古诸部的军事力量与政治影响抱有两面性的认知，即蒙古诸部尽管在分裂状态下势衰而易于被各个击破，但是，如果蒙古众部联合起来，那将是一股实力雄厚、气势庞大的政治力量，不仅征服蒙古诸部可能化为泡影，蒙古诸部的联合甚至将构成清朝政权稳定与巩固的最大威胁，因此，清朝对待蒙古诸部的策略必然是"分而治之"。

此策略除了主要以盟旗制为表现之外，蒙古朝贡法律制度的相关内容也是对"分而治之"策略的具体化规定。在清代蒙古朝贡法律制度中，朝贡的蒙古诸部开始是以自身部落的首领、贵族等为主体，后来随着蒙古朝贡法律制度的不断规范化、全面化的创制设计与安排，清廷严格要求前来朝贡的蒙古首领或其他贵族必须以清朝在蒙古各部原有之地重新编设的盟旗为基本的行政单位，由掌管盟旗的盟长或札萨克等清朝所任命的蒙古官员具体督促并执行蒙古朝贡法律制度，并以盟长或札萨克为代表来京朝贡、受赏。可见，蒙古朝贡法律制度与盟旗制度形成了配套联合的适用机制，蒙古朝贡法律制度的

---

① 《清太祖武皇帝实录》卷四，天命八年五月初六日；《清太祖高皇帝实录》卷八，"天命八年，五月乙未条。"

规定与实施拓宽了盟旗制度的管理范围与功能，而盟旗制度则进一步明确与固定了执行与遵守朝贡法律制度的蒙古部落及其首领、贵族等上层势力。蒙古朝贡法律制度与盟旗制度共同推动了对蒙古"分而治之"策略的具体化与现实化的操作进程，有力地防止了蒙古诸部的势力聚合，深化了清朝对蒙古社会内部的政治控制。

除此之外，蒙古朝贡法律制度还通过对蒙古诸部朝贡来京的不同贡道分布都作以详细、具体的划定与设置，其政治意图鲜明清晰，就是要按照对蒙古地方诸部已经划定的界线为依据，明确要求蒙古诸部以朝贡制度中规定的贡道路经沿途省份、地区而前往京城，一则便利了清廷中央及沿途地方机构及时、具体地掌握各个蒙古诸部的实际状况，二则是为了防止各蒙古诸部彼此联系、相互交往，从而形成蒙古势力内聚的联合局面。

由此可知，蒙古朝贡法律制度之所以在后金时期就开始得到满族统治者的重视，而后在清兵入关之后巩固大一统政权的发展中，又再次获得清朝政廷的青睐，其中最根本的原因就是，该法律制度能够实现或者说极大满足了清朝对蒙古地方诸部不断加强的控制欲求与迅速加快的统治步伐。可以说，清代蒙古朝贡法律制度就是清朝对蒙古诸部实施"分而治之"的统治策略的具体化表现与实际措施的落实。

总之，清代蒙古朝贡法律制度的建立原因，从根本上说，就是为了实现清廷中央对蒙古诸部实现地方化管辖的政治需要，它是清朝对蒙古诸部势力实施政治上约束、实现"大一统"规制的重要手段之一。

第三节　弥合地方社会发展不足的经济需求

至明末清初之际，久已挣扎于汗权旁落、诸部割据的政治危机之中的蒙古社会，此时的经济发展状况处于左支右绌的境地，不仅早已丧失了自我积蓄社会经济发展的休养生息之机，而且也使自身社会所援以为继的牧业经济存在状况遭到了重创。正因为如此，蒙古社会经济发展的实际状况在客观上为清代蒙古朝贡法律制度的建立提供了外在的经济基础。

蒙古朝贡法律制度在以朝贡模式去控制蒙古诸部、昭示蒙古对清朝的臣服时，实际上也向蒙古诸部提供了在朝贡过程中有关物物交换、经济交往、产品流通等相应的行为标准。由于蒙古社会的牧业经济此时呈现单一化发展并严重不足，在客观上成就了清代蒙古朝贡法律制度在蒙古社会中得以确立与推行的经济条件。概言之，清代蒙古朝贡法律制度得以建立的客观原因就是蒙古社会经济发展的实际状况所需，该法律制度的建立在客观上不仅满足了蒙古社会的经济发展与蒙古人的生存所需，而且在很大程度上带动了蒙古社会的地区经济恢复与进步。

一、激发地方牧业经济的恢复性发展

在中国历史上，蒙古人以牧业经济模式为主要的生产方式和生活方式由来已久。虽然蒙古人曾经在中国历史上建立了统一的封建王朝——元朝，与精于农耕业、手工业的中原民族混合居住与生活，但是牧业作为一种民族自有的生产、生活方式并未发生根本性的改变。况且自蒙古败走大漠建立北元以来，蒙古诸部的活动范围基本回到了蒙古高原一带。当时蒙古诸部所处区域虽然是大漠高原，地形多以山脉、草原、丘陵、沙漠、戈壁等为主，而且冬季漫长严寒，降雪期普遍较长，且常伴有暴风雪，夏季短暂干热，气候凉爽，有些地区甚至没有夏季，降水稀少，水资源缺乏。但是，由于深冬积雪资源丰富，春季来临积雪融化，不仅可以解决部分牲畜饮水问题，而且可以增加地表湿度和改善土壤墒情，同时高原日照充足，这就使得大漠高原也有许多草场资源相当丰富地带，由此形成大片的天然牧场，也会出现"风吹草低见牛羊"的游牧场景。可见，蒙古大漠虽然地理环境恶劣，而且多是高原气候，但在年复一年、冬去春来的季节交替中，旧的草场退去，新的草场又会生机盎然，这对于发展牧业经济而言是极为有利的自然条件。

但从北元时期开始，由于蒙古诸部长期处于纷争不断、战乱频仍的社会状态中，牧业经济的蓬勃发展必然受到一定的消极影响。达至 16 世纪，各个蒙古部落的首领更是专注于争夺汗权的政治斗争，不仅疏于重视草原经济的继续发展，而且时常发生以互相掠夺对方土地、人口、牲畜、草场等形式的部落争战。在很大程度上造成了对草原、牧场的破坏，使得充分发展牧业经济的自然环境与外在条件无法正常提供，使得蒙古民众无法安于牧业经济的生产与生活状态之中，牧业经济的正常发展受到阻碍。蒙古部族之间争战不休而使草场土地流转不定，必然会影响当地牧民从事游牧或是畜牧业生产等牧业经济的正常进行。此外，以北元政权为中心的蒙古势力集团，始终怀揣重建大元蒙古统一中原的政治梦想，故而，依旧不断干戈扰攘于明朝，使得蒙古地区大量社会劳动力充斥在与明作战的军事力量中。可见，此时蒙古地区的牧业经济发展受到蒙古诸部内外局势动荡的影响，其整体社会经济发展状况受到很大程度的削弱。而在蒙古社会里，社会经济发展基本全部依靠牧业经济模式，这就使得蒙古社会的经济形态存在明显的单一化不足。

因此，蒙古社会自身所面对的经济发展现状，导致了蒙古诸部对朝贡制度的需要。由于牧业经济发展遭遇不良影响，且依靠单一化的牧业经济又无法提供蒙古社会在生产与生活方面所必需的农业产品和手工业产品，而通过对清朝朝贡，不仅可以依靠自身现有的牧业经济条件下的产品换得中原内陆的农副产品，而且可以通过贸易与清廷赏赐补充单一化牧业经济发展的不足。从这一层面上说，朝贡法律制度的建立缘于满足蒙古社会牧业经济发展需求的客观原因。

二、充实地方生产业态的多样化发展

随着清朝政权逐步强大，对蒙古社会内部的政治干预甚至是直接统治的不断深入，寄居于大漠高原的蒙古诸部深刻意识到自身所处的自然环境与面对的政治局势对蒙古社会经济发展而言具有明显的弊端。

在蒙古大漠的这片土地上，由于高原地貌所具有的特殊性地理环境、植被分布及气候状况，使得规模化的农业生产开垦受到明显限制，无法进入常态化生产与普遍化生活的社会发展领域中，农业与手工业的发展在蒙古诸部仍然保持低速迟缓的状态，这就使得继续沿袭牧业经济模式应该是最适合蒙古社会经济发展的生产方式。正如法国地理学家白吕纳的观点，"一地的位置、地形、地质构造和气候都可以解释一个民族的历史。"[①] 因为每个民族的经济发展类型都与该民族所处的生态环境系统有着密切联系，也与他们对待和改造自然环境的认知态度、生产知识、生活习惯等历史经验息息相关。所以，处在当时社会总体生产力水平较低、生产方式较为落后时代的北元蒙古诸部，又由于所处特定的地理环境与自身民族所传递的生产、生活方式的历史条件下，必然决定了当时蒙古社会的经济形态只能呈现以牧业经济为主的单一化经济模式。而这种以牧业为主的单一化经济发展模式最大的弊端就在于游牧经济本身的脆弱性——对自然环境的高度依赖性，尤其是水草丰美的牧场与成群结队的牛羊、马驼等牲畜的存在，是游牧经济赖以存在的最基本的物质基础。而此时的蒙古诸部不仅没有促成蒙古地区社会经济发展的休养生息，反而内部征战不断，为了扩大各自管辖的势力范围，掠夺牲畜、侵占草场，这就使得蒙古地区的牧业经济丧失了持续发展的物质依靠。因此，在这一历史时期，蒙古社会的经济发展若不与外界发生联系、不以农业经济生产模式下所提供的农副产品为补充，将难以为继，不仅无法满足蒙古社会中人的基本生存需要，甚至影响牧业经济本身所需要的循环发展，因为牧业经济状态下的产品除了供蒙古社会内部消耗外，还需对外交换以体现牧业经济更多的价值，而经过与农业经济模式下的产品交换、流通等的循环发展，牧业经济的活力才能得以激发。

尽管在 15 世纪末期有达延汗重新划分领地、重振东蒙古的经济举措，确实也曾取得过蒙古局部地区经济发展的短暂中兴。但是，这并不能从根本上改变以牧业经济为主体的单一化经济模式对蒙古地区经济恢复与振兴只发挥极为有限性作用的现状，尤其是牧业经济模式的单一性和脆弱性，根本不能完全解决本民族群体与社会对生产、生活的物质需要问题。因此，蒙古社会对中原各种物资产品就有着天然的依赖性，尤其是需要

---

① 陶克涛：《毡乡春秋》（柔然篇），呼和浩特：内蒙古人民出版社，1997 年版，第 221 页。

以自己生产的畜产品和狩猎品换取中原农业经济形式下产生的粮食、茶叶、布匹以及其他各类生活用具。可见，以牧业为主的单一化经济模式在蒙古社会中，面对内部矛盾与外部冲突的双重挤压下，带给整个蒙古地区社会经济发展的是连锁性的重创，蒙古诸部所在地区的社会经济发展从此一蹶不振，直到清朝统一蒙古地区之时为止。

当然，蒙古诸部为了满足自身的社会生存与发展，面对以牧业为主的单一化经济模式日渐衰退的经济动力时也并非坐以待毙，而是不断积极谋求向外发展经济的其他路径。1644年，清朝入关主政中原，从而坐拥中原雄厚的农业经济条件下所长期积累的社会经济资源，由此就成为蒙古社会经济发展的外在依托。中原社会具有广博的肥沃土地、具有经历千百年锤炼纯熟的农业种植技术，这些上天所赐予的自然条件与中原民族勤劳习得的劳动技能，创造了中原社会生产与生活所需要的丰富多样的大量农副产品与手工业品，促使中原地区的农业、手工业等极为发达，由此形成了中原农业综合经济发展模式对蒙古地区牧业单一化经济存在模式的极强补充性。而这恰恰助力了清朝运用朝贡法律制度对蒙古地区的有力控制。

因此，从蒙古社会经济发展的现实需求来讲，蒙古诸部需要借助朝贡体制下的物物交换，达到中原经济对蒙古社会的地区经济发展的重要辅助作用，从而弥补蒙古社会经济发展的单一化与薄弱化的弊端。从这一意义上说，清代蒙古朝贡法律制度建立的原因，不仅在于满足蒙古社会日常生产和生活所必需的物质资料，而且在于促进蒙古诸部所在社会的整体发展要求。所以，从蒙古社会的角度看，清代蒙古朝贡法律制度得以建立的原因，是源于该法律制度在一定意义上是促进并满足蒙古社会经济发展的重要外在途径。

第四节　清代朝贡法律制度的历史文化基础

任何社会的政治理念与措施、法律制度与体系都是根源于这个社会自身源远流长的历史传统与文化背景。从这一意义上讲，清代蒙古朝贡法律制度的存在就不仅是清朝中央与蒙古地方的特殊政治关系所致，还应该是作为中国古代历朝帝王一以贯之地运用朝贡体制处理中央政权与周边民族关系的统治传统的延续与传承。而这一朝贡体制传统之所以在整个封建帝制时代具有如此强大的政治生命力，关键在于中华民族始终是以多民族一体化的面貌从历史中走来，而朝贡体制正是以儒家政治思想中的"礼治仁义""天下一统"等社会理念为支柱，这必然有益于历代帝王文治武功的政治理想。可见，清朝蒙古朝贡法律制度得以创立也是基于朝贡体制自身的传承与发展。当然，清朝统治者之所以选择蒙古朝贡法律制度去驾驭蒙古诸部，而该法律制度又能够在以剽悍善战著称的蒙古诸部中得以推行与实施，除了基于满足蒙古社会的基本生存与正常发展的物质需求外，更重要的还在于蒙古社会本身就具有朝贡的传统，尤其是在明朝。虽然，蒙古诸部于明、清两代的朝贡活动在出发点上是完全不同的两种概念，即清代所立蒙古朝贡法律制度中须以蒙古诸部在政治上的归附与臣服为前提。但是，就朝贡体制本身所伴随的赏赐、贸易等巨大经济利益的诱惑力而言，蒙古诸部于明、清两代的朝贡活动恰恰又具有殊途同归的特点。而这一点，正是蒙古诸部为何未对明朝臣服甚至与明朝处于军事、政治上的对抗状态时，却依然热衷于对明朝进行所谓朝贡的重要经济原因，也由此蒙古社会就延续了依靠朝贡活动满足社会物质需求、发展地区经济的特有传统。蒙古社会内部依靠以朝贡方式满足社会经济发展的传统，在明代时的蒙古地区相当盛行，乃至遗留至清。可见，中国古代朝贡体制的传承与蒙古社会自身存留的朝贡传统的延续是清代蒙古朝贡法律制度建立的历史文化基础。

一、沿袭中国古代朝贡体制的传统

远眺中国历史，"朝贡"发端于先秦时代而延续至清朝末年，在这历时数千年的社会进化中，"朝贡"也由最初的一般化社会现象逐步转变为后世封建政治体制中专门化的社会制度。在先秦典籍中，"朝"指臣下拜见君主，《周礼·春官·大宗伯》谓"春见曰朝，夏见曰宗，秋见曰觐，冬见曰遇"。"贡"指下人献纳物品给主人，《尚书》有言："任土作贡"，疏曰："贡者，从下献上之称，谓以所出之谷，市其土地所生异物，献其所有，谓之厥贡。"① 因此，在中国古代社会中的朝贡制度，最初描述与规定的就是中央王朝与地方政权之间上下隶属、天子与诸侯之间主从臣服的等级关系。朝贡体制是一项体现上下尊卑关系性质的政治制度，既有朝贡一方的"称臣纳贡"，又有天子或君主一方的"册封赏赐"的双重内容。起源于先秦时期的朝贡体制，以四夷藩国的称臣纳贡和作为天下共主的中原朝廷的册封赏赐为主要内容，经过汉唐时期的发展，至明清臻于缜密完善，成为中国历代王朝"羁縻四夷""怀柔远人"的重要手段。

在中国古代的一些历史巨著中已有五帝时代各部落之长纷纷朝觐天下共主的记载。如，"轩辕之时，神农氏世衰，诸侯相侵伐，暴虐百姓，而神农氏弗能征。于是轩辕乃习用干戈，以征不享，诸侯咸来宾从"；② 尧时则有"觐四岳群牧……五载一巡守，群后四朝"；③ 舜时也有"诸侯朝觐者不止丹朱而之舜"④ 等内容。虽然这描述的是国家产生之前的情景，但却反映了具有朝贡色彩的活动与事件很早就在古代社会作为初具政治意义的一般化现象而存在。而随着各部族之间由分散到统一的历史发展进程，"天下共主"这一政治角色的出现是朝贡体制产生的开始，也是定格朝贡体制具有臣服意义的源头。夏商西周时期，夏即有"及禹崩，虽受益，益之佐禹日浅，天下未洽，故诸侯皆去益而朝启，曰：吾君帝禹之子也"⑤ 的记载，这说明此时的带有朝贡色彩的"朝觐"礼是在君臣之间所行，已经具有君与臣的上下等级意味，"诸侯朝启"即是"臣服于君"的具体表现。到商代，具有朝贡色彩的社会活动更具政治性，即如尚土汤曾命令他的大臣伊尹制定《四方令》，其中提到"诸侯来献，或无马牛之所生，而献远方之物事实相反不利。今吾欲因其地势，所有献之，必易得而不贵，其为四方献令"。⑥ 这是为了减少

---

① 《尚书正义》卷六《十三经注疏》本，北京：中华书局，1980 年影印本。

② 《史记·五帝本纪》，参见 http://www.360doc.com/content/21/1017/15/40277479_1000151207.shtml

③ 严斯信：《〈尚书·尧典〉今绎》，昆明：云南人民出版社，2010 年版，第 79 页。

④ 《史记·五帝本纪》，参见 https://so.gushiwen.cn/guwen/bookv_46653FD803893A4F520EBF2044461B6A.aspx

⑤ 《史记·夏本纪》，参见 https://www.gushichi.com/bookview/97.html

⑥ 《逸周书·卷七·王会解》，参见 https://www.xshici.com/bookview_0c285ea0f66a8232

进贡诸侯的负担而宣布的号令，说明当时的"诸侯来献"已具有明显的政治臣服意义，尽管汤意在减轻诸侯进贡负担，但他仍然需要通过"诸侯来献"表达其政治优势地位。到周武王灭商而立周朝时，较之先前的王朝已具备更为强大的军事、文化、政治等综合力量，周朝借助宗法政治关系与武力扩张为后盾，逐步形成了较为完备的国家管理制度体系，具有朝贡色彩的社会活动由此开始制度化，成为以"天下共主"自居的周武王管理各地诸侯的重要手段，即是"昔武王克商，通道九夷百蛮，使各以其方贿来贡，使无忘职业"。①

而自秦汉到明代的"朝贡"主要是指边疆民族、外国的首领或使者来朝纳贡。如汉代官方礼典《汉仪》中记载四夷朝贡：

> 正月旦，天子幸德阳殿，临轩。公、卿、将、大夫、百官各陪位朝贺。蛮、貊、胡、羌朝贡毕，见属郡计吏，皆陛觐，庭燎。②

这既是当时的边疆民族表示与中央王朝和睦相处或俯首称臣的表现，也说明封建统治者日趋重视"朝贡"发展的体制化状态。沿至明代，"四夷"朝贡进入了历史高峰，深受儒家"华夏中心"意识及"大一统"文化熏陶的汉族统治者更是极为重视有关边疆民族的朝贡事务，不仅每遇朝贡恩赐厚重，而且使朝贡体制更加规范化，如：

> 主客分掌诸藩朝贡接待、给赐之事；……诸藩朝贡，辨其贡道、贡使、贡物远近多寡丰约之数，以定王若使迎送、宴劳、庐帐、食料之等，赏赍之差。土官朝贡，亦验勘籍。③

---

① 《史记》卷四十七《孔子世家》，参见 http://www.guoxue.com/shibu/24shi/shiji/sj_047.htm
② 侯旭东：《丞相、皇帝与郡国计吏：两汉上计制度变迁探微》，载于《中国史研究》，2014年第4期，108页。
③ 《明史》卷五十六，《礼志十》；卷七十二，《职官志一》。

这些规定是授予礼部的内属部门具有分管国内边疆民族前来朝贡的事务性职能，而且对于前来朝贡的贡道、贡使、贡物、朝贡礼仪以及对贡使的赏赐等都有较为具体的规定标准。

可见，自秦始皇建立中国第一个统一的封建帝制国家开始，历代封建帝王不仅普遍以不同规模、不同方式把朝贡事务的具体管理模式延展为其统摄或怀柔边疆民族或周边国家关系的重要手段，而且还把朝贡事务的管理方式发展成为体系完备、制度明确的体制化状态。加之，贯穿于整个封建帝制统治体系内的儒家"大一统"的政治思想与"以礼为治"的社会理念也无疑渲染了以"中国"① 为中心、帝王临御天下、居内以礼制命其夷狄臣服的天下正统观。从这种意义上来讲，朝贡体制能从中国古代的先秦时期一直延续至清朝末年而历代相承不以废辍，乃是它在不同程度上为实现帝王们所谓的"普天之下，莫非王土；率土之滨，莫非王臣"的理想化疆域体系观提供了现实化的制度依托。而正因为中国古代朝贡体制最初描述与规定的就是中央王朝与地方政权之间上下隶属、天子与诸侯之间主从臣服的社会关系，所以，尽管朝贡制度建立了整个封建王朝辗转更替的历史变迁，但视"朝贡"为被征服者对征服者统治权力表示臣服或忠顺的这一标志性初衷从未被祛除。当然，在社会的不同历史阶段、各个封建王朝的不同发展需要下，朝贡体制又被赋予了更加具体化的社会意义甚至被加以更具差异性和复杂性的具体制度设计。而清代蒙古诸部所实施的朝贡法律制度，即是源于中国古代朝贡体制作为历代封建王朝处理民族关系的主要模式之一，而具有显见的绥边睦邻之功能。因此，清代秉承中国古代朝贡体制文化的传承乃是清代蒙古朝贡法律制度得以确立的历史文化基础。

清代所建立的封建专制统一政权，是以满洲贵族为核心，以联合蒙古族及汉族等社

---

① 这里的"中国"是中国古语中的用法，与现代意义上的中国不是同一概念。中国古代所称之"中国"多指天子所居之城、中原王朝所在之都，是与"四方之地""夷国之疆"相对。

会上层阶级为主干，以多民族构成的多样性社会成分为基础。满族统治者始终清楚地认识到协调与其他各民族之间关系有序化的重要性，尤其重视与之毗邻的蒙古民族诸部关系的妥善处理，因为蒙古诸部的军事实力与所处的重要边防地位既可以是清朝政权的鼎力支柱也可能是釜底抽薪的巨大威胁。蒙古诸部对于清政权而言，无论是在入关前还是入关后，都是涉及清朝能否定鼎中原及巩固大一统秩序的关键。因此，清朝统治者迅速吸收了历代中原统治者"治边"制度模式中的成功经验，并结合自身统治的实际需要，把清代蒙古朝贡事务的一系列活动确立为一种由中央王朝管理实施的专门针对边疆蒙古诸部上层贵族集团来朝纳贡的法律制度。当然，清代蒙古朝贡法律制度是伴随着清朝对蒙古地区的逐步统一而日益发展并得以最终确立的，该制度与清朝对蒙古行政区划、设立官爵、派驻将军或官员驻防、设立驿站、颁布相关行政法规等各项管理制度是相互关联的，由此构成针对蒙古地区较为完整的管理机制，从而实现通过蒙古朝贡法律制度强化蒙古诸部对清政权的臣服与忠顺。

清朝正是通过对前朝历代朝贡体制的传承，确立了蒙古诸部的上层贵族须于元旦、冬至、皇上或皇太后万寿庆生之际、皇帝行围或出巡、皇帝大婚以及依照清律规定的请安、谢恩等事宜，均赴京朝觐或遣使朝觐纳贡，这些都属于与中国古代朝贡体制内涵一脉相承的具体内容，其中，蒙古王公每年轮流进京朝贺元旦是最为重要的清朝法定朝贡制度内容。不仅如此，清朝还承袭历代封建王朝朝贡体制内的成文法传统，以成文法形式把有关管理蒙古朝贡事务的规定加以规范化与法制化，并在《大清会典》《大清会典事例》《理藩院则例》《蒙古律例》中，以行政立法的方式，对蒙古朝贡年班的班次、人数、日期、沿途支应、贡道、贡物、筵宴、赏赐、礼仪等具体内容加以详细规定，严格执行，否则施以相应惩戒与责罚。

二、清代朝贡制度延续的地方化

"马背上的民族""大漠高原""游牧经济"等这些名词与蒙古民族有着很紧密

的关联，这说明蒙古在中国古代历史上是多以西北边疆为本民族的活动范围与生存地域，这也决定了蒙古民族社会发展的特殊性：蒙古地处古代中国塞外，与中原内陆在社会政治、经济、文化等方面的发展进程与具体内容上有所差异，但这不仅没有阻隔蒙古与中原内陆的关联，反而促进并加深了蒙古与中原内陆的密切关系。只有蒙古民族所在的社会区域安定、宁和，中原内陆的各方面发展才有稳定的外围社会条件；也只有不断保持与中原内陆地区的交流与往来，蒙古才能拥有本民族社会正常发展所需的各种文化、经济甚至是政治资源的输入与满足。因此，蒙古社会在中国古代历史上，与中原内陆发生无论是战争化的冲突摩擦，还是和平化的遣使往来，都证明了大漠蒙古与中原内陆的难以隔阂的密切联系。而这其中，朝贡体制即是蒙古社会与中原内陆交流、联系的最主要方式之一。在生产力发展程度还未发达，整体社会处于相对封闭的历史条件下，通过朝贡活动的频繁开展与有序推进，在很大程度上可以实现蒙古社会围绕经济利益为中心、兼顾文化交流与政治互动的外界沟通需求。所以，无论是在早期的汉唐时代，还是在中期的宋、辽、金时代，蒙古社会都有向中原内陆政权朝贡的传统，虽然蒙古建立元朝而统一中国由此不再需要通过朝贡模式获得自身所需，但由于王朝最终的覆灭，蒙古社会在明朝时期又重新开始了与中原内陆政权的朝贡活动。由于清朝建立政权的过程中，很多制度创设的理念与方式都是沿用明朝，而明朝最终灭亡的历史教训本身也对清朝统治者具有警世效应。清朝统治者不仅看到明朝运用朝贡体制处理蒙古问题的得与失，而且从中也看到蒙古社会本身所具有的朝贡传统及其延续的必要性，由此创设了清代蒙古朝贡法律制度，力图在法律制度的框架下更合理地选择朝贡体制对蒙古诸部控制。因此，对于蒙古社会的朝贡传统的具体阐述，此处就以明朝时期为主，便于说明蒙古朝贡传统在清朝延续的连贯性。

明初，明太祖对败走大漠的北元蒙古主要采取军事打击、经济封锁的手段，意欲彻底消灭蒙古政权势力，于是双方处于战争对抗和经济隔绝的对峙局面，但在明朝多次武力征服失败后，明成祖永乐年间，明朝改变以往与蒙古的战争对抗态度，开始改用经济手段羁縻蒙古。而此时正处于经济困顿时期的蒙古诸部，面对明朝多次以经济利益作为巨大诱饵的主动示好下，也逐步与明朝分别建立朝贡关系，由此，蒙古诸部开始了在明朝时期借助朝贡体制满足自身经济需求目的的传统。

蒙古诸部的朝贡传统在明朝延续的具体表现，可以由两个阶段的朝贡活动内容加以说明。

第一阶段，是从永乐年间至宣德年间的蒙古对明朝的朝贡活动。

此阶段蒙古接受明朝的册封，进京贡献方物，获得赏赐和官职，但是这种"称臣纳贡"却仅具有象征意义，一是明朝并未真正征服蒙古诸部，二是蒙古此时接受册封与愿意进京纳贡的出发点是基于巨大的经济回报，而这时朝贡关系中的贸易活动与经济职能并不活跃与充分，因此对蒙古的吸引力不大，蒙古诸部的朝贡积极性不高，朝贡关系呈现蒙古一方行为随机性过大，朝贡与否主要取决于蒙古贵族的意愿。

第二阶段，是从正统年间至景泰年间的蒙古与明朝之间的朝贡贸易关系。

从也先时代开始，蒙古诸部中就有很多部族不再接受明朝的册封，双方的朝贡关系完全丧失了具有臣属关系的政治象征意义，朝贡只是边界互市贸易的代名词，蒙古此时对明廷朝贡的立场完全是出于经济意义上的目的选择，这种朝贡关系其实可以直接称之为"朝贡贸易"。蒙古诸部接受了明朝以朝贡为政治交往方式的要求，但实际上更注重的是在这一政治外壳下满足本民族社会物质需求与发展的经济收益，尤其是在明正统至景泰年间，经济贸易性质的朝贡已经成为蒙古部族在明蒙朝贡体制中的主要活动内容。由于蒙古部族多处于高原、严寒之地，所以不利于也不擅于发展农业与手工业，而重在开展以饲养或放牧马群、牛羊为主的牧业经济。因此，蒙古向明朝朝贡的最主要的物品就是马匹，被称为贡品，"然而严格地讲不是贡品，一些较好的马匹被挑选出来，作为送给朝廷的正式礼物，而其余的马匹，一入边境立即被转送给军队。全部马匹都按明政府所规定的交换比率付给绸布、棉布、纸币、衣物等等"，[1] 而对于不符合明朝要求的贡

---

① ［美］亨利·赛瑞斯：《明代的汉蒙贸易》，达力扎布译，载《蒙古学信息》1994 第 1 期，第 9 页。

品，明朝政府也会拒绝接受，但允许蒙古人自行出售。可见，蒙古部族前来明朝进献贡品并非出于政治上的臣服或归顺，不过是以朝贡体制为政治外衣而进行的物物交换性质的经济贸易活动。

由此可见，蒙古诸部在明朝时的朝贡活动是以谋取经济利益为根本驱动力的，这不仅丰富了蒙古社会的经济生活，满足了部分蒙古部族的衣食住行所需，而且在一定程度上促进和拉动了蒙古牧业经济的发展。每年大批蒙古使臣不远千里来到明朝的京城并不是着意于与明朝的政治修好，而意在以进贡的名义销售大量的马匹，换取米面蔬果等农业产品、布匹丝绸等手工业纺织产品，并且又从沿途及会同馆贸易中购买锅、斧等用于日常生活的手工冶炼产品。当然，蒙古上层贵族才是这一朝贡活动中最大的受益者。前来朝贡的蒙古权贵们，不仅可以获得明朝皇帝给予的大量赏赐，而且可以收获汉族权贵们的馈赠礼品，而作为蒙古贵族的随从前来的蒙古社会中的下层民众只能携带畜牧产品进行部分交换，所得交换利益虽然不够丰厚，但也能够充分满足蒙古人的正常生活所需。所以，蒙古在明朝的朝贡活动在很大程度上促进了蒙古社会的经济发展，使蒙古社会中的上层贵族集团与中下层社会民众都从中得到了实惠与收益。在此意义上说，蒙古部族只有在明朝的朝贡体制中获得经济利益，才会出现暂时停止与明征战不断的对抗，而一旦这种经济愿望得不到满足，蒙古部族又会再掀兵马干戈于明朝。这一点可以从有关瓦剌部在明朝时期的历史记载中看到。

也先曾与脱脱不花王计划商议一同出兵南侵明朝，但是，当时脱脱不花王却力图制止也先，其主要理由就是："吾侪服用多资大明，彼何负于汝，而忍为此。天道不可逆，逆之必受其殃。"① 可见，脱脱不花不愿出兵明朝，也许确实有出于保持与谋求自身政治利益的更大考虑，但也由此表明了当时部分蒙古部族暂时与明朝休战的根本原因恰恰是出于考虑到与明经济交往能够满足自身社会的经济发展需求，从而达到为日后的强大而

---

① 《明英宗实录》正统十二年十一月丁未条；也可参见：《土木堡之变前因、后果、详细过程解析》，http://www.360doc.com/content/22/0320/16/9980481_1022400899.shtml

积蓄自我实力的目的，而这种思想观点的倾向在客观上也代表了苦于连年战争的蒙古民众的意愿。在民众看来，与明廷休战即可进行双方和平贸易，从而把自己手中的牧业物资兑换成来源于明朝境内的大量生活物资，自己的生活也由此可以获得部分改善。

事实上，这种侧重于经济利益的导向对明朝贡及由此所形成的朝贡贸易关系，不仅在明蒙交往过程中确实发挥了维系双方和平相处的重要作用，而且也使蒙古地区的部落首领深知朝贡体制给自身所统领的蒙古社会能够带来的巨大经济补给价值。也正是通过对明的朝贡活动，局部化、暂时化地搁置了明蒙之间的军事冲突与摩擦，给予蒙古社会自身一个恢复期。可见，由于当时蒙古社会处在特定的历史条件与现实环境下，导致其社会形成了倚重朝贡体制模式发展自身社会经济的传统，而正是由于朝贡传统在蒙古社会中的不断延续，就为清朝在逐步统一蒙古地区的过程中，利用清代蒙古朝贡法律制度对其实施有力调控与全面统治创造了必要的地方历史文化基础。

第三章
清代蒙古朝贡法律制度的发展脉络

　　清代蒙古朝贡法律制度，是清朝统治者逐步控制蒙古地区的行政管理制度在法律上的体现。但事实上，清代蒙古朝贡法律制度并非是在后金时期满族统治者开始筹谋统治蒙古之际就得以确立，而是经过了一个满蒙双方实力对比与政治局势不断变化的过程之后，才得以最终确立于清朝国家法律之中。本章通过阐述清代蒙古朝贡法律制度发展的几个阶段，旨在说明该法律制度是如何由最初的满洲部落与蒙古诸部之间的交往习惯，演变为满族统治者有效控制蒙古诸部的制度手段与措施，乃至上升为清朝的国家法律制度，以及该法律制度又是如何进一步完善、守成直到衰落的整个历史脉络。清代蒙古朝贡法律制度在经历不同历史阶段的发展与变化之后，最终作为清代民族法律制度的重要内容被写入清代国家律法之中，最具有代表性与集中化记述该法律制度的国家官方法律文本的就是《蒙古律例》与《理藩院则例》。

　　可见，从历史发展的角度，梳理清代蒙古朝贡法律制度从其初步确立到日趋成熟以致最后衰落而终的历程，对于从整体上把握该法律制度的实质内涵是极为重要的。

第一节　清代蒙古朝贡法律制度的初创期

清入关以前，在征服漠南蒙古后，满洲统治者就试图开始运用法制手段，将已归附的蒙古诸部的称臣纳贡事务加以法制化而固定下来。自归附后金的蒙古诸部正式承认金国汗皇太极为盟主的地位时，皇太极就敕谕主要以漠南为主的蒙古诸部要申明法纪。对此，相关历史资料有多处记载，如：

天聪三年（1629）正月，颁敕谕于科尔沁、敖汉、奈曼、喀尔喀王部落，令悉遵我朝制度；[1]

天聪七年（1633）十月，遣国舅阿什达尔汗，塔布囊达雅齐等往外藩蒙古诸国宣布钦定法令。[2]

这说明，此时蒙古诸部已开始自东向西逐渐接受满洲法律的约束。从"天聪十年（1636）四月十一日，皇太极建国号大清，改年号崇德"[3] 开始，清朝统治者更加强调通过朝贡体制中的称臣纳贡方式强化蒙古诸部对清王朝统治的服从与忠顺，同时也如历代封建王朝一样，清朝十分注重利用朝贡体制中"厚往薄来"的赏赐机制笼络蒙古诸部的王公贵戚，而此时已经归附清朝的各蒙古诸部也乐意接受对清中央政府的朝贡。在《满文老档》中记载有：

崇德元年正月，诸贝勒大臣朝贺元旦……，蒙古八固山额真率蒙古诸臣叩

---

[1] 《清太宗实录》卷五，第2页。来源：中国第一历史档案馆。
[2] 《清太宗实录》卷十六，第1页。来源：中国第一历史档案馆。
[3] 《清太宗实录》卷二十八，第17页；《满文老档》（太宗崇德）卷八，崇德元年四月十一日。来源：中国第一历史档案馆。

贺，阿鲁喀尔喀部进降表叩贺。①

崇德元年正月十二日，汗具大筵宴外藩诸贝勒，时科尔沁贝勒杜梅之妻献雕鞍马二、空马十八、羊十三、貂皮袄一。穆章黄台吉、色本达尔汉巴图鲁、伊尔扎木、尚嘉布、车根、扎萨克图杜棱、蒙夸、古穆台吉、穆寨等来朝贺元旦，汗以财帛赏之，赐外藩贝勒扎萨克图杜棱蟒缎二、龙缎二……水晶壶二、琥珀杯子、甲二、股子皮鞍鞯、镶绿松石鞍鞯、烟百刀、海参十包。②

可见，此时以漠南蒙古为主的各部族已经存在初步承认并接受清廷中央具有宗主性质地位的端倪，清廷中央由此也开始部署如何驱使各个蒙古部落形成对清廷臣服的上下君臣隶属关系。清廷统治者面对蒙古诸部的实际状况，以及自身与蒙古诸部之间在军事力量、政治实力方面的对比与权衡，结合蒙古社会与明朝交往关系中的有用经验，选择了利用朝贡体制模式有力地强化了对已归附蒙古诸部的笼络与控制。再如《满文老档》中记载：

崇德元年四月，蒙古十六部四十九旗贝勒以定汗尊号来朝。初二日，汗至大衙门陛坐。各部诸贝勒、台吉等以所携马二百三十三、驼二十七、蟒缎八、琥珀素珠一、绿壶二、貂皮百张、白狐皮一，陈列进献，遥拜一次毕……③

而清政府开始设置对蒙古朝贡事宜进行专门化管理的机构与确立相应的朝贡法律制度，也是以崇德元年四月"蒙古十六部四十九旗贝勒来朝"一事为标志。之后，同年四月十三日，皇太极"以即大位礼，集内外诸贝勒大臣于大正殿大宴朝贺，宣读诏书，教

---

① 中国第一历史档案馆译注：《满文老档》，北京：中华书局，1990年版，第1361页。

② 中国第一历史档案馆译注：《满文老档》，北京：中华书局，1990年版，第1364页。

③ 中国第一历史档案馆译注：《满文老档》，北京：中华书局，1990年版，第1420页。

诲人民，颁赦诏，免犯人罪"，①而此时已归附于清朝的蒙古诸部的贵族不仅接受了清朝的册封爵号，而且也履行着朝贡义务。实际上，自皇太极改元崇德以后，就已有要求"每年元旦外藩各旗中的管旗贝勒要轮番到盛京，或遣其子弟指阙下朝贡"②的法令。蒙古诸部的朝贡是对清朝臣服的重要标志，因此对于没有依从法令规定的贡物标准、朝贡时间等违规行为，皇太极时期的法令就明确规定内外诸贝勒可以对此共同审理且须依法议罚。由此，为了进一步确定并便于严格化管理蒙古诸部的朝贡活动及相关事宜，崇德元年（1636）六月，清中央专门设立了蒙古衙门。崇德三年（1638）又将其更名为理藩院，专属管理当时最先归顺于清王朝的漠南蒙古诸部，其中就把有关该蒙古诸部的朝贡事宜专门纳入理藩院的专司之中。不仅如此，还就当时漠南蒙古诸部朝贡事宜加以法令颁布，并对违反法令的行为进行较为严厉的法制化调控甚至是责罚。如：

> 崇德四年（1639）五月，科尔沁贝勒贡物减额，议夺吴克善卓礼克图亲王爵，不令管事，仍罚马五百匹。木寨、东俄尔、布木巴、古木各罚马五十匹……③
>
> 崇德四年（1639）八月，四子部落宜尔札木元旦不朝贺进贡……议夺所属人员。④

由此可见，在清朝入关以前，满族统治者就已经将蒙古朝贡事宜以法律制度的模式进行规定和管理，但是这些法律规定在形式与内容上都较为零散，而且还常常有蒙古贵族不履行相关义务的违规事件发生。因此，此阶段的清代蒙古朝贡法律制度的发展状态仍处于雏形阶段。

---

① 中国第一历史档案馆译注：《满文老档》，北京：中华书局，1990 年版，第 1427 页。
② 张晋藩著：《清朝法制史》，北京：中华书局出版社，1998 年版，第 121 页。
③ 《清太宗实录》卷四十六，第 14 页。来源：中国第一历史档案馆。
④ 《清太宗实录》卷四十八，第 4 页。来源：中国第一历史档案馆。

第二节　清代蒙古朝贡法律制度的完备期

　　清军于 1644 年入关，清朝定都北京。此时的满族统治者面临的政治形势更为严峻，因此在继续加强满蒙联盟的同时，更加注重对蒙古诸部的进一步控制，而明智的选择之一就是继续推行清朝中央要求蒙古朝贡的有关制度，这既能使蒙古诸部归附称臣又能使满蒙联盟关系更为紧密而坚固。于是，从顺治年间历经康雍乾时代，历代清帝针对蒙古朝贡事宜不断进行法律制度方面的专门化创制与全方位完备，由此清代蒙古朝贡法律制度的发展由初步的制度化创设逐步走向了全面化法制完善与推行的成熟阶段。此时，清代蒙古朝贡法律制度无论从制度本身的规定来看，还是该法律制度在蒙古地区实施的范围来看，都是具有拓展性特点。从法律制度本身来讲，蒙古朝贡法律制度正式修订于《理藩院则例》等清代相关官方法律文本之中，从该制度的推行与实施来看，由于康乾时代的清朝皇帝对蒙古在政治招抚、军事攻略下的有效作为，成功收附漠北喀尔喀蒙古、漠西卫拉特-厄鲁特蒙古，所以蒙古朝贡法律制度于康雍乾时期被广泛推行并施用于整个蒙古全境。故而，康雍乾时期是清代蒙古朝贡法律制度发展的成熟拓展期。

　　早在顺治初年，清廷已通过朝贡与赏赐等一系列"文治"之举，不仅强化了与漠南蒙古诸部的密切关系，而且进一步笼络并获得了漠南蒙古全力的支持。为了巩固漠南蒙古的归附状态并依托于此，从而实现对漠北、漠西蒙古诸部的全面统治，顺治帝在前代满族统治者已有的有关蒙古朝贡法律制度的初步规定基础之上，又进一步细化了漠南蒙古朝贡的一系列法律制度规定。如：

　　　　顺治二年题准：归化城土默特二旗，四季贡马一百六十三匹，免贡缎匹；①

　　　　顺治五年议准：蒙古贝勒、贝子、公、台吉、都统，等等，准予年节来

---

　　① 赵云田点校：乾隆朝内府抄本《理藩院则例》，北京：中国藏学出版社，2006 年版，第 193 页。

朝……分为两班，循环来朝。①

顺治六年题准：蒙古朝觐之期，每年定于十二月十五日以后、二十五日以前到期；②

顺治八年题准：各蒙古分为两班，循环来朝；③

顺治十一年正月定例：外藩王、贝勒、贝子、公于元旦来朝给赏例。亲王等赏一等玲珑鞍辔一。银茶筒一、重五十两。银盆一。缎三十六匹。茶五篓。郡王等赏二等玲珑鞍辔一。银茶筒一、重五十两。缎二十九匹。茶四篓。贝勒等赏三等玲珑鞍辔一。银茶筒一、重四十两。缎二十二匹。茶三篓。贝子等赏一等漆鞍一。银茶盆一。重三十两。缎十四匹。茶二篓。镇国公、辅国公等赏三等漆鞍一。银茶盆一、重三十两。缎十匹。茶二篓。一等二等台吉、塔布囊等赏三等漆鞍一。缎七匹。茶一篓。三等四等台吉、塔布囊等赏三等漆鞍一。缎五匹。茶一篓。科尔沁国土谢图亲王、卓礼克图亲王、达尔汉亲王加赏一等甲一副。缎八匹。扎萨克图郡王加赏银茶盆一、重五十两。缎六匹；④

顺治十五年题准：承袭王、贝勒、贝子、公爵，未及十八岁者，免其年节来朝，至十八岁者，始令其入班朝觐。⑤

漠北蒙古三汗于顺治初期仍与清廷争扰不断，但是在清廷征抚并行的策略中，漠北蒙古诸部也逐渐与清廷处于矛盾和解时期，并采用较为温和的交往方式对清示好。顺治五年（1648）八月，土谢图汗和车臣汗遣使为侵夺巴林部落人畜事，前来谢罪，进贡马千匹、驼百头。随后，扎萨克图汗也遣使朝见进贡，对此相关史料记载如下：

① 《大清会典事例》卷九百八十四，《理藩院·朝觐》。

② 赵云田点校：乾隆朝内府抄本《理藩院则例》，北京：中国藏学出版社，2006年版，第66页。

③ 赵云田点校：乾隆朝内府抄本《理藩院则例》，北京：中国藏学出版社，2006年版，第67页。

④ 《清世祖实录》卷八十，顺治十一年正月辛酉条。来源：中国第一历史档案馆。

⑤ 赵云田点校：乾隆朝内府抄本《理藩院则例》，北京：中国藏学出版社，2006年版，第67页。

喀尔喀部落土谢图汗、车臣汗等谢侵夺巴林部落罪。贡马千匹、驼百只。①

喀尔喀部落车臣汗遣使贡貂皮马匹。宴赉如例。②

上御太和殿受喀尔喀部落扎萨克图汗下贡使额尔德尼囊素等，朝赐宴。③

面对漠北蒙古喀尔喀三大部落首领对清廷此时表示的友好遣使，顺治帝也不失时机地采用法律制度的方式将漠北蒙古与清朝修好的朝贡事宜加以制度化与规范化。如：

顺治十二年题准：喀尔喀八扎萨克，每年进贡白驼各一匹、白马各八匹，照例各赏给银茶筒、茶盆、蟒缎、缎布等物。④

这即表示清王朝接受漠北蒙古与清朝亲邻修好、和睦相处，并用法律的方式将漠北喀尔喀行"九白之贡"的制度加以固定下来。之后，顺治十五年七月，又敕谕喀尔喀蒙古车臣汗等：

尔于使臣前不违旨，诚心誓好，遂每年贡献方物，遣使来朝，朕甚嘉悦。⑤

至顺治末年，清廷与漠北喀尔喀蒙古及漠西厄鲁特蒙古的关系虽然有所发展，但真正把漠北与漠西蒙古完全统一于清朝盟旗制度之下，是在经历康雍乾时期才逐步完成的。因此，顺治时期的蒙古朝贡法律制度的成熟表现主要是大量针对漠南蒙古的朝贡事

---

① 《清世祖实录》卷四十，顺治五年八月乙未条。来源：中国第一历史档案馆。

② 《清世祖实录》卷四十，顺治五年八月丙辰条。来源：中国第一历史档案馆。

③ 《清世祖实录》卷四十，顺治五年八月辛巳条。来源：中国第一历史档案馆。

④ 赵云田点校：乾隆朝内府抄本《理藩院则例》，北京：中国藏学出版社，2006年版，第193页。

⑤ 《清史编年》第一卷，顺治朝。来源：中国第一历史档案馆。

宜加以法制化规范发展的。

从康雍乾时期到嘉庆年间，由于漠北、漠南蒙古全面归附于清朝，因此清朝针对整个蒙古诸部的朝贡法律制度才正式进入了全面发展的成熟时期。

随着康熙年间将漠北喀尔喀蒙古"具照四十九旗编为旗队，以来年草青时为期，指示法令，如四十九旗一例施行"① 开始，到康熙三十年（1691）在多伦会盟中颁布敕令："喀尔喀七旗与四十九旗同列，喀尔喀王贝勒、贝子、公等放弃蒙古礼而对康熙帝行'三拜九叩'之礼，表示臣服"，② 再经乾隆二十二年（1757）最终平定漠西厄鲁特蒙古，实现清太祖、太宗统一大漠蒙古的政治理想为止，清中央政府从未间断过针对蒙古诸部的朝贡法律制度的发展。即使在康熙年间，虽然厄鲁特等漠西蒙古的地位仍被"视四十九旗又为远矣"，但其仍"以时朝贡，奉职惟谨"。③

与此同时，随着清王朝逐步完成对漠北、漠西蒙古的全面控制，最终实现对整个西、北边疆的统一，原来"专治蒙古事务"的理藩院的执掌范围也随之扩大，由最初专管漠南蒙古事务，到康熙年间扩大到喀尔喀蒙古、厄鲁特蒙古及青海蒙古和西藏地区。乾隆中叶以后，新疆回部和大小金川土司事宜也都由理藩院执掌。当时的清代社会处于复杂化的多民族关系格局中，理藩院在这种多民族关系集中汇聚的社会发展体制中已然处于国家管理机制中的重要核心地位。由此，理藩院也就成为与吏、户、刑三部同等重要的国家中央权力机关，正所谓"吏、户、刑三部及理藩院均属紧要"。④ 而由理藩院专属管理的蒙古朝贡事宜及相关法律制度的发展，也就从康雍乾时期开始进入了全盛阶段。具体表现如下：

一方面，明确将管理蒙古朝贡事宜及其相关法律制度的职权纳入理藩院内部机构设置中的制度规定。理藩院作为总理蒙古事务的中央机关，执掌蒙古诸部的疆理、封爵、

---

① 《清圣祖实录》卷一百四十二，康熙二十八年十月辛未条。来源：中国第一历史档案馆。

② 刘凤云编：《清朝的国家认同》，北京：中国人民大学出版社，2010年版，第225页。

③ 康熙《大清会典》卷一百四十四，《理藩院三·柔远清吏司》，《近代中国史料丛刊》三编第七十二辑。

④ 《清高宗实录》卷三百三十，乾隆十四年正月己未条。来源：中国第一历史档案馆。

设官、兵制、编旗、边务、赈济、刑法以及朝贡等多项法律制度，它以皇权授予为依托，不仅可以行使中央最高的行政管理权力，对蒙古朝贡事宜进行直接管理与具体执行，而且还可以针对蒙古朝贡事宜的相关内容行使立法权与监督权。在理藩院内部机构的职能设置中，明确规定"王会司承办内蒙古各部的朝觐事宜……，柔远司承办外蒙古和新疆蒙古各部以及喇嘛僧朝觐、赐禄，徕远司承办哈密、吐鲁番及新疆回部各城爵禄、贡赋"。① 由此可见，在此阶段的清朝蒙古朝贡法律制度在实际运行与实施环节已经具有管理分类化与专门化的特点。

另一方面，历经几代清帝对《蒙古律例》《理藩院则例》的不断修订、补充、编纂等创制活动，使蒙古朝贡法律制度在形式与内容上日臻完备最终达至蒙古朝贡法律制度发展的全盛时期。

其中，"《蒙古律例》是清朝入主中原后颁行的第一部体系庞大、内容丰富的民族法规。康熙三十五年（1696），理藩院将清太宗以来陆续颁行的125条有关蒙古事务的法令，汇编为《则例》，作为处理蒙古事务、巩固和加强蒙古各部对清中央王朝的臣属关系与维护蒙古社会秩序的法律依据。"② 自此之后，雍正、乾隆、嘉庆等几朝清帝又根据对蒙古地区的统治不断扩大以及最终统一的多民族国家发展的需要，在部分吸收《蒙古律书》的基础上并且承接《大清律例》的立法精神与立法原则，又多次补充、修订、编纂，进而作为正式法规颁行告竣为共12卷209条的《蒙古律例》，这是专门以蒙古地区为调整对象的民族法规文本。《蒙古律例》自颁布开始就在蒙古地区成为蒙古各旗诉讼断狱的主要依据，其内容覆盖蒙古地区管理的诸多方面。其中，涉及朝贡制度的共有9条，即"朝贡"门："规定蒙古王公的

---

① （清）会典馆编，赵云田点校：《钦定大清会典事例·理藩院》，北京：中国藏学出版社，2006年版，第3页（前言）。

② 张羽新等：《清朝安边治国民族立法文献汇编》卷十八《钦定蒙古律例》，北京：中国民族摄影艺术出版社，2009年版，第353页。

年礼庆祝、年礼来朝、朝贺定限、九百贡制、贡赐赏给、进贡注意事项"①等有关蒙古诸部来京朝贡的法律制度内容。

而《理藩院则例》则是"清代治理蒙古族和西、北地区其他少数民族的行政法规。《理藩院则例》规定了蒙古王公及西、北地区其他少数民族部族中的贵族群体的种种特权，制定了清朝对西、北各少数民族地区的许多禁令"。②可见，虽然《理藩院则例》并不是专门针对蒙古地区的民族法规，但是《理藩院则例》却是清朝对蒙古地区立法的巅峰，它是以行政法为主兼具民法、刑法等诸法合体的民族法典，它把清廷中央与以蒙古地区为主的北部、西北部和西藏等西北边疆少数民族地区之间的关系作为调整对象，是中国历代封建王朝民族立法史上的集大成者。由64卷共965条构成，其中专门针对蒙古地区规定的就有59条，对蒙古地区的行政、民事、刑事、诉讼、审判、宗教等方面的内容逐一规定，内容涵盖广、体系严谨、门类齐全、实施稳定。在《理藩院则例》中有关蒙古朝贡法律制度的规定，更是作为调整民族关系制度体系中的重要内容加以明确罗列，即为"朝觐"门、"贡输"门、"宴赉"门、"仪制"门等。其中，"朝觐"门把蒙古王公贵族等来京朝见皇帝的时间、班次、班期等事宜加以规范化、明确化；"贡输"门是有关蒙古王公等向朝廷进贡的种类、定额、奖惩等内容的规定；"宴赉"门则是有关清王朝对来京朝觐或进贡的蒙古王公或贡使等筵宴、赏赉的规定。因此，由《理藩院则例》将蒙古朝贡法律制度的内容进一步完善与细化，使得有关蒙古地区对清王朝的朝贡事务发展呈现出更为鲜明与规范的法制化特点。

第三节　清代蒙古朝贡法律制度的衰落期

自乾隆末年开始，由于吏治腐败、军队腐化、军纪废弛，朝廷上下一派文恬武嬉、

---

① 张晋藩：《清朝法制史》，北京：中华书局出版社，1998年版，第503页。
② 赵云田点校：乾隆朝内府抄本《理藩院则例》，北京：中国藏学出版社，2006年版，第1页（前言）。

声色犬马的社会风气，文武官员都粉饰太平而不论百姓子民之疾苦，土地兼并情形极度严重并已造成贫富悬殊的极端状态，出现了"一家而有数千家之产，则一家而致失业者数千家"① 的情况。这种社会政治风气与经济发展状态持续到嘉庆、道光年间时，使得社会各种矛盾迅速激化，甚至酝酿了频繁的反抗起义。清人入关后，继承了中原王朝的封建专制统治的政治发展模式，在社会经济领域也是沿袭中原地区以发达的农业生产为主力的经济发展模式。虽然当时清朝已经统一中国，把地处西北边疆地区的蒙古、新疆、西藏都统辖于中国版图，但是幅员辽阔并不意味着一个国家从事农业生产所需的耕地面积的广袤，况且人口的持续增加与土地资源的固定不变之间本身就存在矛盾，再加之因土地兼并等人为因素造成的耕地资源流失等，势必加剧、恶化人均耕地面积下降、人口增加与粮食供应不足之间的矛盾。"当乾隆十八年（1753）全国人口为 1.0275 亿人时，人均耕地面积为 6.89 亩，乾隆三十一年（1766），人均耕地面积减到 3.53 亩，嘉庆十七年（1812），平均每人只得耕地 2.19 亩。"② 那么，按照清代当时的农业生产条件，养活一个人至少需要 4 亩耕地，而在嘉庆时期，人均所占耕地面积远远低于这个基础标准。可见，关乎百姓生存之本的土地问题此时已经成为影响清朝统治稳定的重要因素之一，而此时的清朝国势已经开始由盛转衰，国之政体无以修复，国之民本无暇顾及，于是各地都在酝酿反清起义。起义最先在西北地区爆发，如在新疆乌什和昌吉地区的维吾尔族民众与汉族民众揭竿而起反抗清廷压迫，后来反清起义迅速转至中原地带，从而最终点燃了具有全国性规模的抗清斗争，如白莲教起义。清政府面对如此局面顾此失彼，在投入精力忙于镇压起义之时，却对边疆地区的统治和管理日趋松弛，这就为北方强邻俄国再次侵扰中国东北、西北边疆提供了可乘之机。

实际上，从顺治年间开始，中国黑龙江流域和贝加尔湖以东地区就不断遭受沙俄的侵扰，康熙年间，因沙俄在北部边疆的威胁严重，清政府被迫先后两次出兵雅克

---

① 朱诚如：《论鸦片战争前农村封建人身依附关系的变化》，《辽宁师范大学学报（社科版）》，1990 年第 4 期，第 8 页。

② 马汝珩，马大正：《清代的边疆政策》，北京：中国社会科学出版社，1994 年版，第 106 页。

萨，并与沙俄签订了《尼布楚条约》，再次划定中俄东部边界，但侵略成性的沙俄并未善罢甘休，开始进一步抓紧对我国西北蒙古地区的蚕食。1727 年中俄就中段边界进行谈判，相继签署了《布连斯奇条约》《阿巴哈依图界约》以及《色楞格界约》。1728 年，经两国政府批准后，这三大条约生效，即《恰克图条约》，由此中俄中段边界划定。中俄之间也由此在相当长的时期内不再有大规模的冲突，但是各种摩擦、矛盾和边境纠纷依然无休无止。沙俄从未间断过对中国西北边疆的虎视眈眈，企图把西北边疆尤其是漠北喀尔喀蒙古地区纳入其领土的觊觎之心与日俱增。嘉庆十八年（1813），沙俄以向哈萨克首领罕巴尔讨要安集延人为托辞，领军 500 余人越界深入中国边境 500 余里。不仅如此，沙俄变本加厉，于道光五年（1825）夏季，派兵 300 名潜入临界我国的巴尔喀什湖东南的哈喇塔拉地区偷建房屋。沙俄的这些侵略行径虽然被清朝制止，可是却明显表露出沙俄对清朝西北边疆的现实化威胁，同时也充分暴露了清朝边防松弛的战略弊端。正是由于沙俄国不断侵扰北部蒙古，而清朝又忙于镇压内陆地区风起云涌的起义反抗，从而疏忽了对整个蒙古地区的强力控制与严防死守，漠北蒙古及漠西蒙古的部分族群最终脱离了清朝的实际控制与统治。

由此，以蒙古对清朝的完全臣服、清朝对蒙古的实际统治为条件的清代蒙古朝贡法律制度，就在清朝国力如"日之将夕、悲风骤至"的昏时衰世中渐渐没落。至鸦片战争之后到宣统皇帝溥仪时，清代蒙古朝贡法律制度早已丧失往日清朝盛世之时的社会控制功能，已然名存实亡。

总之，从清兵入关之前的皇太极时期，经过顺治朝到康熙、雍正、乾隆时期，清代蒙古朝贡法律制度经由初具雏形到日臻完善而达至全盛的发展阶段，尤以历经几代清帝编纂的《蒙古律例》和《理藩院则例》中对蒙古朝贡法律制度的相关规定为典型，使得清代蒙古朝贡法律制度的发展进入了规范化、系统化、详尽化的成熟阶段，为清代蒙古朝贡法律制度具有实际操作化的稳定实施提供了具体的行为准则、制度标准甚至是严明有纪的惩罚措施。而清代蒙古朝贡法律制度延续至嘉庆、道光年间乃至清朝末年，则遭遇了日渐没落、衰亡而终的历史命运。通过梳理清代蒙古朝贡法律制度发展的历史脉络，不仅全面了解清代蒙古朝贡法律制度是根据社会历史变迁而不断加以补充、完善从而达至成熟发展的客观历史过程，也逐步勾勒出清代统治者日趋现实化的疆域观与国家观。

第四章
清代蒙古朝贡法律制度的内容及特点

　　清代统治者从自身民族社会开始崛起到最终实现统一全国的过程中，对于控制自北元时期就割据争雄于北部边疆的漠南、漠西、漠北蒙古诸部的问题，既参酌中国古代历朝帝王运用朝贡体制治理边疆的成功经验，又紧密结合蒙古诸部与清廷政权之间在特定历史环境下的具体关系变化，逐步形成并发展了较为完备、规范的清代蒙古朝贡法律制度。清代蒙古朝贡法律制度不仅明确规定了管理蒙古朝贡事宜的专门的权力机构，而且根据蒙古不同部落与清朝关系亲疏远近的差异化程度，把蒙古诸部划分为内扎萨克、外扎萨克以及具有特殊政治地位的哲布尊丹巴呼图克图几个不同层面的朝贡义务主体，并且对蒙古诸部的朝贡时间、朝贡等级仪制、贡道、贡品等具体朝贡活动进行了标准、详细的法律规定。同时，为了保障蒙古朝贡活动的正常运转与贯彻实施，清朝统治者还以法律机制的模式把有关蒙古朝贡活动中的奖惩事宜加以严格化与明确化。本章通过对清代蒙古朝贡法律制度在立法内容上的梳理与阐述，由此总结、说明清代蒙古朝贡法律制度的立法特点。

第一节 蒙古朝贡法律制度的内容

从 17 世纪初至 18 世纪中叶，漠南、漠北、漠西等蒙古诸部相继归附于清朝。在这一历史阶段中，蒙古诸部对清朝的朝贡关系发展也经历了由局部到全面，由相对随意化到法律严格化的过程。也就是说，清代蒙古朝贡法律制度是随着清朝逐渐在蒙古地区建立全面统一的管理过程中而不断发展完善的。实际上，满族统治者在入关以前，就开始运用法律制度的模式管理已归附的蒙古诸部对清廷的朝贡事务，但当时只是处于雏形阶段。当清人入关后，政权统一，局势日趋稳定且国力强盛之时，尤其是蒙古诸部全面归附于清，清代蒙古朝贡法律制度又得以进一步完善，不仅把已有的关于蒙古朝贡制度的相关内容编纂入法，而且结合新的历史局势对蒙古朝贡事宜加以补充、拓展，以实践推行清朝统治者运用朝贡体制模式实现"文治"蒙古的统治目的。

一、管理机构

（一）中央机构

从西周到明清，中央王朝对于朝贡事务的组织管理都设立专门机构。西周时期，有大行人、小行人、象胥、掌客等，汉代则有典属国、大鸿胪等，唐代则把掌管朝贡事务的机构扩大为鸿胪寺和尚书主客司，宋代不仅沿用唐代的鸿胪寺机构称谓，而且又设立了礼部主客司、四方馆等，到元代有礼部侍仪司、会同馆等，明代则以礼部为管理朝贡的主要机构。由此可见，中国古代各朝的统治机构设置中，都有专门管理朝贡事务的职能部门，说明对于任何一个封建王朝而言，无论是边疆民族的上层人士前来朝贡，还是外国使节前来朝觐，都具有重大的政治意义，所以专设中央机构统一管理朝贡事务也就成为各朝行政立法的重要内容。

　　清朝作为中国封建专制政权的最后王朝也不例外，依托皇权授意，通过立法，确立管理蒙古朝贡事务的主要中央机构是以理藩院为首，内务府和礼部等配合执掌不同职能，共同监督和管理蒙古各部族是否遵守和履行清代蒙古朝贡法律制度的相关规定，从而实现清廷中央对蒙古地区的有效统治。

1. 理藩院

　　理藩院是管理蒙古朝贡事务最主要的中央机构。理藩院的设立及管理蒙古朝贡事务的具体职能是有一个历史发展过程的。漠南蒙古的归附是理藩院的设立及具有专门管理蒙古朝贡事务职能的开端。天命十一年（1626）至天聪元年（1627），漠南蒙古诸部与后金友好结盟、通使往来的活动日益频繁，[①] 由此在崇德元年设立蒙古衙门，专理蒙古事务，后于崇德三年（1638）七月更名为"理藩院"。随着清朝统一多民族于国家一体的步履加紧，理藩院管理蒙、藏、维等少数民族的重要事务日渐频繁，其地位也日趋居于清中央皇权核心机构之中。从顺治年间到乾隆时期，理藩院的内部机构设置几经变更，最终于乾隆二十七年（1762）五月定制为由旗籍司、王会司、典属司、柔远司、徕远司、理刑司等主要六司构成的理藩院，执掌"藩部"[②] 地区各项事宜的管理政令。其中，"王会清吏司掌颁禄于内扎萨克，而治其朝贡燕饩赉予之事……柔远清吏司掌外扎萨克喇嘛禄瘰朝贡之事。"[③] 这里所提到的"内扎萨克"即指漠南蒙古，其又被称为内蒙古，而"外扎萨克"主要是指漠北、漠西蒙古和部分青海蒙古。在清代多次修订与编纂的《钦定大清会典》《钦定大清会典事例》中，明确规定理藩院是由皇权授予专门行使与管理以蒙古诸部为主的西北各少数民族事务的有立法权、执行权和监督权的中央机构，即"掌外藩之政令，制其爵禄，定其朝会，正其刑罚，尚书侍郎率其属以定义，大

---

　　① 对此，在《满文老档》中有多处记载，见中国第一历史档案馆译注，中华书局 1990 年版的 693—874 页。

　　② 清代称内外蒙古、青海、新疆、西藏等少数民族居住地区为"藩部"。此说明参见：（清）会典馆编，赵云田点校，《钦定大清会典事例·理藩院》，中国藏学出版社，2006 年版，第 2 页（前言）。

　　③ 张晋藩：《清朝法制史》，北京：中华书局，1998 年版，第 154 页。

事上之，小事则刑，以布国之威德"，① 其中当然包括有关蒙古朝贡法律制度规定与实施的权力。这些不仅反映了理藩院具有对蒙古朝贡及相关法律制度运转事宜的管理职能，同时也说明了理藩院在清朝国家政治生活中的重要作用，即所谓"控驭抚绥，以固邦翰"。②

2. 内务府

除了理藩院，内务府就是管理国内朝贡事务最重要的中央机构了。内务府，即是"掌上三旗包衣之政令，与宫禁之治，凡府属吏、户、礼、兵、刑、工之事皆掌焉"。③ 内务府主要是负责内廷事务的中央机构，而作为维护中央集权、体现蒙古臣服于清廷的蒙古朝贡事务及相关法律规定都与内务府的职掌范围相关，蒙古王公年班的廪给、路费、赏赐等具体规定的实施，部分就由内务府办理。与蒙古朝贡法律制度规定密切关联的内务府所属具体管理部门主要是指：1. 广储司。管理库藏出纳事务，设有银、皮、缎、衣、茶、瓷六库，并负责验收贡物，及对蒙古年班或贡使备办金银、缎匹、衣帽、茶叶等物品的赏赐。2. 掌仪司。掌内廷礼乐之事，蒙古年班朝贺或筵宴也属于其职掌范围。3. 上驷院。依据理藩院行文告知，负责验收年班蒙古王公、台吉、喇嘛等贡马的马匹名色、数目登记，然后再行文回复内务府或理藩院折赏。4. 武备司。负责制造、收藏、备办皇帝赏赐蒙古年班或贡使的甲胄、弓箭、鞍等器物。

3. 礼 部

直接对皇帝负责的六部之一的礼部，也承担着部分管理与协助理藩院具体施行蒙古朝贡法律规定内容的职能。礼部中的仪制清吏司主持各种典礼仪制，主客清吏司掌管外国朝贡事务的同时也分管国内的有关朝贡事务，精膳清吏司承办各种典礼的筵宴，会同四译馆接待外藩、外国贡使及翻译等事宜。礼部于乾隆十四年还兼管乐部、太常寺、鸿

---

① 《大清会典》卷六十四。来源：中国第一历史档案馆。
② 乾隆《钦定大清会典》卷七十九。来源：中国第一历史档案馆。
③ 光绪《大清会典》卷八十九，《内务府》。来源：中国第一历史档案馆。

胪寺，到宣统三年时礼部改称为典礼院。在顺治、康熙年间，蒙古王公年班朝贡者到京后，都由礼部负责接宴，并引领参加朝贡的礼仪，而且对于蒙古部落前来朝贡所带贡物经过理藩院核查之后，交由礼部收纳、管理，如《大清会典事例》记载中的有关规定：

> 康熙十三年题准：每年节进贡，科尔沁等十旗，共进十二九（即九的十二倍，一百零八），计羊一百有八只，乳酒百有八瓶。鄂尔多斯六旗、乌拉特三旗，共进九九，计羊八十一只，乳酒八十一瓶。余二十五旗，共进三九，计羊二十七只，乳酒二十七瓶，由院查收，交与礼部。①

对于礼部在蒙古朝贡法律制度中的职能规定，在康熙二十三年、二十四年都获得清朝皇帝的批准。

（二）地方机构

1. 盟长或札萨克

清代蒙古朝贡法律制度，是针对已经归附于清朝并在清朝统一管理之下的蒙古地区实施。因此，除了理藩院、内务府、礼部等这些中央专设的管理机构之外，清廷中央在蒙古地区所任命的盟长或扎萨克等盟旗机构内的地方长官，就应该以地方机构的名义协助、督办蒙古朝贡的具体事宜或活动的进行，从而保证蒙古朝贡法律制度的推行与实施得到中央与地方的一致化保障。盟长或扎萨克是蒙古诸部在归附清廷之后，接受清廷以八旗军制的方式对蒙古地区进行设旗编领而产生的地方官职的称谓。清代时期的蒙古地区，"盟"既是由多个旗或一个旗组成的行政区域，又是军政单位。盟的主要官职设有

---

① （清）会典馆编，赵云田点校：《钦定大清会典事例·理藩院》，北京：中国藏学出版社，2006 年版，第 318 页。

盟长、副盟长、帮办盟务、兵务扎萨克。① 其中，盟长一人，由理藩院在贤能的札萨克或闲散王公中挑选，经敕许任命。一旦任命即为终身官制，但不得世袭罔替。盟长享受相当于王公、台吉等封爵的俸禄。② 可见，盟长虽保持着蒙古王公的身份，但是却接受清廷封授俸禄，具有明显的清廷官吏的政治性质。盟长的职务权限之一就是管理所属各旗的人口，并对所管各旗发布清廷法律、命令，并监督其实行，如《钦定大清会典事例》中记有："每会设盟长一人，各于所属三年一次会盟，清理刑名，编审丁籍。"③ 由此可见，盟长不仅有义务向所领管的蒙古各旗贵族公布、传达有关蒙古朝贡法律制度的相关规定，而且还应保证蒙古朝贡法律制度在蒙古地区的顺利推行与实施。

而作为各旗内部最高地方长官的札萨克是从本蒙古部族内部的贵族中遴选而来，总理本旗内部的具体事务，即"每旗设扎萨克一人，总理旗务，以王、贝勒、贝子、公、台吉为之"。④ 既然是总理旗内事务，当然就包括本旗所辖蒙古地区对清廷进贡方物、执行朝觐礼仪的惯例。自蒙古归附清朝以后，朝贡行为就不再以部落为单位，而是以清廷设定在蒙古地区的盟旗为单位。而各旗札萨克就具有地方行政长官的性质，直接负责管理与实施蒙古朝贡法律制度中的相关规定。由于朝贡表示蒙古权贵势力对清廷的臣服意义，所以清代蒙古朝贡法律制度明确规定前来朝贡的蒙古使者至少具有台吉以上的贵族资格，而且因入京朝贡不仅可以获得丰厚的物质赏赐，还可以按规定沿途贸易获得经济收益，可见，蒙古贵族能够被列入岁贡行列中既是一种身份荣誉，又是一种贵族特权。如在顺治十七年（1660年），就有关于严格限制前来朝贡人员资格的史料记载：

　　理藩院题：喀尔喀部落土谢图汗、车臣汗、毕席勒图汗等，每年应各进贡

---

① 《大清会典事例》卷九百八十三，《理藩院·会盟》。来源：中国第一历史档案馆。

② 《大清会典事例》卷九百七十六，《理藩院·设官》。来源：中国第一历史档案馆。

③ （清）会典馆编，赵云田点校：《钦定大清会典事例·理藩院》，北京：中国藏学出版社，2006年版，第289页。

④ （清）会典馆编，赵云田点校：《钦定大清会典事例·理藩院》，北京：中国藏学出版社，2006年版，第179页。

白马八匹，白驼一只，其管旗汗、贝勒及台吉为首，大臣喇嘛等许其来京进贡。至小台吉、喇嘛等，托名贡马贸易，永行停止。仍不许潜入边境。①

因此，清代蒙古朝贡法律制度实际上是要求作为总理本旗事务的札萨克要据实编制、抄送进贡者名册，申报于理藩院，并实际担负收缴该旗贡物的职责，禁止不符合资格规定的人员前来朝贡或来京贸易。这就是代表蒙古地方机构的札萨克对蒙古朝贡法律制度的协调与督办，保证该项法律制度的标准化实施。

2. 蒙古朝贡途经的各省督抚衙门

蒙古诸部前来京都朝贡，由于路途遥远、交通不便，必然会出现人员疲惫、牛马困顿等情况，如乾隆二十三年时，署理大同镇总兵印务镶红旗汉军副都统就奏报了有关验收蒙古朝贡使团所携驼只时的相关事宜，原文如下：

> 奴才曹瑛谨奏，在保德州验马事竣，柒月贰拾伍日自保起程前赴杀虎口外验收蒙古驼只，恭经奏报在案，奴才于捌月初三日抵杀虎口，适遇服臣塔永宁自归化城回口，面商收驼事宜，蒙古驼只长途远解，难报一无疮病势，又不及驳换，现有晋省所办之驼可以抵补期于起解无误。②

可见，蒙古朝贡使团用来朝贡清廷中央的贡品驼只，因路途波折而良莠不齐，而再令其折返更换也是得不偿失，还会影响朝贡活动的如期进行。因此，为了保证朝贡活动的正常进行以及蒙古朝贡法律制度的权威化地位，清廷规定蒙古诸部来京朝贡经过甘肃、陕西、山西、直隶等各省时，各省的督抚衙门都要对蒙古朝贡使团人员承担相应的

---

① 《清世祖实录》卷一百四十三，顺治十七年十二月己亥条。来源：中国第一历史档案馆。

② 《乾隆朝朱批奏折》，乾隆二十三年九月初三日，中国第一历史档案馆馆藏，档案号：04-01-01-0223-033。

廩给、护送等职责，对于朝贡队伍中的牛马、驼羊等给以草料喂养等照顾。又如乾隆二十三年山西巡抚奏报：

> 臣塔永宁谨奏，臣先后接准理藩院咨文，西林廓尔盟内乌珠穆秦之亲王朋苏克拉布坦等陆续进献驼马匹，经理藩院奏准归入西林廓尔购买驼只内一并解至杀虎口，交至与山西省接收转解赴肃等，因臣于九月内因西林廓尔阿巴盖王采买驼四千只，业于九月初一日全行解竣，该处续进驼马零星解到难以转解，奏明俟解齐汇解在案，今查该处王贝勒等共进驼一百一十只，马四百五十四。自九月初九日为始，至十月初七日驼只已全数解到，马匹已解到三百五十四，经升任杀虎协副将杨宁、宁远通判三福验报驼只俱属壮健，膘皆四五分不等，马匹膘分皆欠有止二三分者，间有一二小马，询据蒙古解员因塞外草已早枯，沿途行走以致落膘等语。臣因系外藩远来即令验收，转解饬令领解员并于途次加料小心饲喂，渐令起膘业于十月初十日将解到驼只与晋省采买案内留养朔州驼只共计三百二十七只，派委得胜路守备李世忠带领兵丁领解赴肃。又于十一日将已解到马三百五十四先行派委朔平营千总八什带领兵丁领解赴肃尚未解到马一百匹，一俟解到即派委并兵续行解肃其管解备，并兵丁盘费口粮、沿途料草、纤夫等项，悉照解送马驼各案成例支给，汇入转解蒙古驼只案内报销，所有转解蒙古续到驼马数目相应缮折。奏明伏祈　皇上圣鉴　谨奏。①

可见，各省督抚遇有蒙古朝贡使团路经，都要上奏皇帝，安排道员、知府、同知等文官，及副将、参将、守备等武员，沿途协助押卸朝贡使团的贡品货物等。蒙古使团经过的驿站等处都要遵旨安排食宿，各州县衙门官员还应设宴款待蒙古使节。

---

① 《乾隆朝朱批奏折》，乾隆二十三年十月十五日，中国第一历史档案馆馆藏，档案号：04-01-01-0223-040。

二、朝贡主体的分类

清朝政府根据其对蒙古地区统治政策的需要，将蒙古地区分为内属蒙古和外藩蒙古，又将外藩蒙古分为内扎萨克蒙古和外扎萨克蒙古。这一"内外"之别或以地域，或以归附之先后，或以亲疏之程度而定夺，其划分结果的背后蕴涵着复杂而深刻的政治选择意味。因此，覆盖于清朝政府统治政策下的蒙古朝贡法律制度就必须依据蒙古各部归附清廷的先后顺序，以及与清廷政治关系亲疏远近的差异，来确定哪些蒙古地区是需要以"朝贡"的方式表示臣服。

其中，内属蒙古是指已编入八旗、驻守在京的"内八旗蒙古"，[1] 是与外藩蒙古相对而称，且没有诸如外藩蒙古诸部的自治权、不设"扎萨克"。[2] 内属蒙古主要是指八旗察哈尔，此八旗的土地与属民由清朝直接管辖，由清朝直接任命官员进行统治，而各级官员的性质是流官，随时任命和撤换，即"此八旗在蒙古四十九旗外，官不得世袭，事不得自专，与扎萨克君国子民者不同"。[3] 在清朝统治者看来，内属蒙古由于已经属于总管制旗，没有王公封爵以及有限的扎萨克自治权，它是由清廷直接任命官吏进行管辖的，故已经完全属于纯粹的大清子民序列，而象征臣属意义的朝贡制度对于内属蒙古而言，无疑是多此一举，由此，明确了内属蒙古不承担朝贡法律关系中的朝贡职分。

而外藩蒙古，则是清代蒙古朝贡法律制度明确规定需要履行朝贡职责这一法定主体，即"蒙古朝觐分为内扎萨克年班与外扎萨克年班"，[4] 内札萨克与外札萨克是外藩蒙古的两大组成部分。另外，由于哲布尊丹巴呼图克图是藏传佛教在喀尔喀蒙古诸部的

---

① 史筠著：《民族事务管理制度》，长春：吉林教育出版社，1991年版，第55页。

② 扎萨克：是蒙古语音译，一种官名，即"藩封掌印"，其意为"一旗之长"，又作"札萨克"。

③ （清）魏源著，韩锡铎、孙文良点校：《圣武记》（上册）卷3之《国朝绥服蒙古记》，北京：中华书局，1984年版，第96页。

④ （清）会典馆编，赵云田点校：《钦定大清会典事例·理藩院》，北京：中国藏学出版社，2006年版，第296页。

最大活佛兼封建主，其以格鲁派黄教的宗教权威在喀尔喀蒙古地区发挥着重要的政治影响力。正是鉴于哲布尊丹巴呼图克图具有喀尔喀蒙古各部宗教首领的特殊身份，清朝在蒙古朝贡法律制度中从未把哲布尊丹巴系统的朝贡事宜纳入札萨克年班或喇嘛年班之中，而是允许历世哲布尊丹巴以喀尔喀蒙古各部的政治首领身份独自来京朝贡。因此，清代蒙古朝贡法律制度主要规定的是有关内扎萨克蒙古、外扎萨克蒙古的朝贡活动，还有集宗教领袖与政治领袖于一体的哲布尊丹巴系统的朝贡活动。

（一）内扎萨克蒙古

在清朝，一般称瀚海以南或大漠以南为内蒙古，即内扎萨克蒙古，其最先归附于清朝。自崇德元年起，皇太极就着手对内扎萨克蒙古部落的二十四部设旗编佐。内扎萨克蒙古二十四部包括：科尔沁部、扎赉特部、杜尔伯特部、郭尔罗斯部、敖汉部、奈曼部、巴林部、扎鲁特部、阿鲁科尔沁部、翁牛特部、克什克腾部、喀尔喀左翼部、喀喇沁部、土默特部、乌珠穆沁部、浩齐特部、苏尼特部、阿巴噶部、阿巴哈纳尔部、四子部落、茂明安部、乌拉特部、喀尔喀右翼部、鄂尔多斯部。二十四部组成六盟，分别是哲里木盟、卓索图盟、昭乌达盟、锡林郭勒盟、乌兰察布盟、伊克昭盟。在清朝时期分设为四十九旗。在内扎萨克蒙古诸部中，除了卓盟的喀喇沁三旗和土默特左旗的贵族不属于黄金家族成员而只能皆称塔布囊不得称台吉外，其余四十五旗的蒙古封建贵族都是成吉思汗黄金家族的后裔，所以皆称台吉。其中，尤以科尔沁部首领受到清廷的重视，这不仅仅是因为科尔沁部拥有蒙古社会中的高贵血统，更为重要的原因是在清兵入关和征服各部落的战争中，科尔沁部披坚执锐、冲锋陷阵，从而为建立并奠定清王朝的统一政权立下了汗马功劳，因此，科尔沁部落之位列于二十四部之首，享有爵高位尊、俸禄银缎均高于其他蒙古部族的朝贡待遇。正如乾隆《大清会典》记述：

国家肇基东土，威德远播，漠南蒙古诸部，或谊属戚畹、或著有勋绩、或率先归附，咸奉其土地人民，比于内臣。①

可见，以科尔沁部为首的二十四部四十九旗所构成的内扎萨克蒙古，在清朝入关之前就已经与清廷关系甚是亲密，故则常称之为内蒙古。当然，尽管内扎萨克蒙古与清廷关系密切并已尽归清朝版图，但是，为了巩固满蒙联盟，强化对漠南蒙古有效且有力的控制，扩大清朝政权在国内的权威性，通过制度化的专门性规定要求漠南蒙古诸部进行朝贡就成为必要。清朝定鼎中原之后，于顺治五年（1648 年）开始，陆续把漠南蒙古的朝贡事宜以律法形式加以固定化、规范化。在《大清会典事例》中如下规定：

顺治五年定：蒙古王、贝勒、贝子、公、台吉、都统筹，准于年节来朝。

六年题准：蒙古朝觐之期，每年定于十二月十五日以后、二十五日以前到齐。

八年题准：各蒙古分为两班，循环来朝。

十五年题准：承袭王、贝勒、贝子、公爵位及十八岁者，免其年节来朝，至十八岁者始令入班朝觐。②

自此，后世历代清朝皇帝都以顺治年间关于漠南蒙古朝贡事宜的律法规定为蓝本加以补充和完善，尤其是在康、雍、乾时期，由于国力的强盛，加之对漠南蒙古的统治更为巩固牢靠，使得内札萨克年班朝贡制度不仅规定完整，而且得以有效贯彻实施。与武力征服比较而言，朝贡体制模式既不伤害满蒙联盟的民族感情，也有助于臣属关系的加强，更能强化军事战略关系的稳固。正是通过朝贡法律制度的方式实现了蒙古对清廷朝

---

① 郭成康：《清朝皇帝的中国观》，《清史研究》，2005 年第 4 期，第 1 页。

② （清）会典馆编，赵云田点校：《钦定大清会典事例·理藩院》，北京：中国藏学出版社，2006 年版，第296 页。

贡关系的稳定化与持久化发展，使得内扎萨克蒙古对于清朝的归附、清朝对于内扎萨克蒙古的控制不断得以强化，最终使得被清朝称为内扎萨克的"漠南蒙古不过是借用了'外藩'说法，其实质却与内地各省并无不同……（甚或）紧密程度还要超过内地各行省，'视内旗无异''比于内臣'之类亲切提法就足资证明"。①

（二）外扎萨克蒙古

外扎萨克蒙古则主要是指漠北喀尔喀蒙古、漠西准噶尔–厄鲁特蒙古。其中，漠北喀尔喀蒙古初分三部，即车臣汗部、土谢图汗部和扎萨克图汗部，雍正时增设赛因诺颜部。漠西准噶尔–厄鲁特蒙古是指以准噶尔、和硕特、杜尔伯特和土尔扈特为主的四部，但因蒙古地区内部政局的变化，辉特、阿拉善厄鲁特、额尔济纳土尔扈特、青海蒙古等从根源上也属于漠西蒙古。可见外扎萨克蒙古成分复杂，且与清朝的关系多变，历经顺治、康熙、雍正、乾隆几朝才最终使外札萨克归附、臣服于清廷。即如《清实录》言明：

> 昔太宗文皇帝，以次收定四十九旗蒙古，后欲全收北边喀尔喀，未及行而太宗文皇帝宾天。②

总体而言，由于外扎萨克蒙古所占地域辽阔、部族成员关系复杂且统属不一，于是，清朝对外札萨克设置管理单位时，就既有盟、旗共设的组织方式，又有不设盟而单立旗的单位组织，而对于外扎萨克蒙古的兵力，则是多以清廷任命的将军或大臣统辖。其中，定边左副将军统辖喀尔喀四部，科布多参赞大臣统辖杜尔伯特、新土尔扈特、和硕特三部，而旧土尔扈特则由伊犁将军管辖，青海各部则统于西宁办事大臣。对于阿拉

---

① 刘凤云：《清朝的国家认同》，北京：中国人民大学出版社，2010 年版，第 221 页。
② 《清圣祖实录》卷一百四十二，康熙二十八年九月戊戌条。来源：中国第一历史档案馆。

善和额济纳之兵，则征调同于内扎萨克蒙古，不再设以将军或大臣加以统辖。因此，由漠北喀尔喀蒙古、漠西准噶尔-厄鲁特蒙古构成的外扎萨克与漠南四十九的内扎萨克虽都同属于清代朝贡法律制度规定下的朝贡主体，但事实上他们与清廷关系的密切程度同内扎萨克相比较时，却又是大不一样。正如下记述：

> 外藩四十九旗，虽各异其名，视内八旗无异也。蒙古诸部，有喇嘛、厄鲁忒、喀尔喀，视四十九旗又为外矣。喇嘛之人，率宗释教，厄鲁忒、喀尔喀，亦从时朝贡，奉职惟谨。国家以羁縻之意，溥怀柔之仁。①

因此，蒙古朝贡法律制度中就对外札萨克蒙古朝贡的规定做出了内容不同的安排。据清史文献记载，早在顺治年间，漠北喀尔喀左翼土谢图与车臣两部就已表示对清廷的较为温和的政治态度，在解决双方争议或矛盾时，就有类似于以朝贡方式示好的做法。如《清实录》记载：

> 喀尔喀部落土谢图汗、硕雷汗等谢侵夺巴林部落罪，贡马千匹、驼百只。②

这是顺治五年时，腾机思叛乱被镇压之后，其弟腾机特率众再次降清，清廷则"以苏尼特部落故郡王腾机思弟腾机特，袭封"③加以收复苏尼特部落。此时喀尔喀蒙古面对腾机思叛乱失败而清廷实力与日俱增的事态，开始向清廷逐渐让步。在双方围绕腾机思叛乱之后巴林人畜归属问题的过程中，土谢图与车臣两部试图以进贡方物的交涉方式来解决争议。事实上，这种进贡方物以示让步或友好的方式也是清廷中央愿意接受和看到的，因此很快奏效。在《清初内国史院满文档案译编》中就有关于土谢图汗与车臣汗

---

① 赵云田点校：乾隆朝内府抄本《理藩院则例》，北京：中国藏学出版社，2006年版，第191页。
② 《清世祖实录》卷四十，顺治五年八月乙未条。来源：中国第一历史档案馆。
③ 《清世祖实录》卷四十，顺治五年八月丁丑条。来源：中国第一历史档案馆。

派遣使者携带马驼、貂皮等前来"进贡皇上"，清廷对此不仅礼让纳之而且以丰厚回馈礼待之，记载如下：

顺治七年十月二十二日，进贡皇上者：喀尔喀土谢图汗察哈尔默尔根台吉马一，色臣（车臣）台吉马二，额尔德尼台吉马二，……巴巴台吉满珠希里胡土克图马四、貂皮十，……其中收下土谢图汗察哈尔默尔根台吉马一，色臣（车臣）台吉马二，额尔德尼台吉马二，巴巴台吉满珠希里胡土克图貂皮十，……其余皆退回。

赏土谢图汗察哈尔默尔根台吉缎五，额尔德尼台吉缎五，巴巴台吉满珠希里胡土克图缎四、毛青十，……色臣（车臣）台吉缎五。①

由于此次进贡使喀尔喀左翼蒙古博得清朝的友好对待，于是左翼喀尔喀蒙古首领再次派遣使者，即土谢图汗派默尔根岱青、车臣汗硕垒派额尔德尼岱青、丹津喇嘛之子额尔德尼诺木齐台吉，哲布尊丹巴呼图克图派格楚勒喇嘛等率领由五十五名大臣组成的议和代表团，"为礼仪来议之"。② 具体所议以奏文形式上呈，主要内容为：

祝愿太平。蒙汗之英明，诺门汗率诸贝子奏称：因大圣喇嘛等多次谕全部众属勤于法度，先前已述之言、已过之事若再追究，则为赘语，故现为议定礼仪，遣四贝勒为首，率掌礼之众大臣前往，凡事酌情盟誓，议定合礼。③

可见，喀尔喀左翼蒙古此次来议之奏文的意图就是要表达与清廷"修好与共"的政

① 中国第一历史档案馆：《清初内国史院满文档案译编》（下），北京：光明日报出版社，1989 年版，121 页—122 页。

② 中国第一历史档案馆：《清初内国史院满文档案译编》（下），北京：光明日报出版社，1989 年版，132 页。

③ 中国第一历史档案馆：《清初内国史院满文档案译编》（下），北京：光明日报出版社，1989 年版，133 页。

治立场，而清朝此时也已探明了喀尔喀左翼蒙古的政治用意以及与右翼札萨克图汗的内部关系，于是做出如下回应：

> 和好之贝子照例每年进贡一次，每旗贝子合进驼一、马八，遣为首之大臣朝见，此处亦照例回赏。此外，有遣使贸易者，各从其主之便。若遵此旨，为首之贝子可遣大臣为使来朝，否则勿遣。①

由此表达了清廷此时已欲试喀尔喀蒙古臣服于清朝的意图，并且随后更是以"九白之贡"要求漠北喀尔喀蒙古定期进京朝贡的规定：

> 初定立，喀尔喀部落土谢图汗、车臣汗、丹津墨尔根诺颜、毕希勒尔图汗、鲁卜藏诺颜、车臣济农、坤都伦陀音，此八札萨克，每岁进贡白驼各一、白马各八，谓之九白年贡。我朝赏每札萨克银茶筒各一，重三十两，银盆各一、缎各三十、青布各七十，以答之。至是土谢图汗、丹津喇嘛车臣汗墨尔根诺颜、各遣使遵例进贡赏赉如例并赐宴。②

这是 1655 年清廷与喀尔喀的宗人府会盟，由此初步订立了漠北喀尔喀蒙古"九白年贡"的朝贡定例。尽管左翼喀尔喀蒙古接受清廷所定"九白之贡"，即白驼一只、白马八匹，这即表示漠北蒙古与清朝确立了亲邻修好、和睦相处的对等关系，但还不能表示此时漠北蒙古与清廷形成了最终的臣属关系。当然，左翼喀尔喀蒙古接受"九白年贡"的最初目的是基于获得经济利益，并使自身在政治上得到清朝的保护，但在清廷看来这就是喀尔喀蒙古开始向清朝臣服、归顺的最初标志。因此，在漠北蒙古最终全部归

---

① 中国第一历史档案馆：《清初内国史院满文档案译编》（下），北京：光明日报出版社，1989 年版，154 页。

② 《清世祖实录》卷九十五，顺治十二年十一月辛酉条。来源：中国第一历史档案馆。

附清朝以后，"九白年贡"的定例内容仍然得以保留，以示清廷与漠北喀尔喀蒙古部落在历史上曾有过的特殊性政治关系，并对此朝贡内容再加以重申规定，如：

> 康熙三十年复准：土谢图汗、车臣汗既留汗号，令仍旧进贡白驼一、白马八，其余概不得进贡九白。①

总之，外扎萨克蒙古所据疆界对于清朝实现大一统的战略价值、维护国家统一政权而言，是不可或缺的。故此，清朝采用"以力辅仁"的策略对待外扎萨克蒙古诸部，既发动对漠北、漠西蒙古的多次平复战役加以降服，又更注重变通使用宽仁、怀柔的朝贡制度加以拉拢，并最终于乾隆二十二年（1757）外扎萨克蒙古诸部全部归入大清主权版图。清朝中央政府正是通过积极利用朝贡体制管理模式，实现了控制蒙古中部的政治理想，也才有效地促使了蒙古诸部对清廷朝贡关系的稳步发展，从而进一步确立了蒙古朝贡法律制度的成熟发展。同时，这也证明了清朝在历史上对蒙古实现全面统治的客观事实与具体状况，专门化与规范化的蒙古朝贡法律制度内容也反映了清朝与蒙古诸部关系之亲疏远近的历史变迁。

（三）哲布尊丹巴系统

明清之际，明朝统治风雨飘摇，崛起于东北的后金政权意欲取代明朝，而逐渐强盛的西北卫拉特蒙古准噶尔部也力谋统一全蒙古，沙俄的侵略魔爪正在伸向喀尔喀地区。喀尔喀蒙古在如此政局纷乱、征战不断的历史背景下，必然面临外部侵扰与内部忧患的双重威胁。在这一特定情形下，喀尔喀蒙古诸部本应齐心协力应对内外危机，从而保障本部族对侵扰与忧患的抵抗能力，但事与愿违，其内部左右两翼之间却是矛盾不断、冲

---

① （清）会典馆编，赵云田点校：《钦定大清会典事例·理藩院》，北京：中国藏学出版社，2006年版，第320页。

突频发。因此，喀尔喀蒙古中实力最强、影响最大的土谢图汗，就开始重视借助除军事力量之外的宗教权威，以此试图号召各部，从而抵御出自喀尔喀蒙古以外的可能存在或已经现实发生的各种威胁。与此同时，在喀尔喀传教二十多年的多罗那他①在库伦入寂，觉囊派僧人为了巩固已经取得的政治、经济特权，把目光投向多罗那他生前活动的中心——土谢图汗部。土谢图汗本人也从西藏和青海等地看到僧、俗贵族联合的好处，也希望借助多罗那他的影响力，以提高自己在喀尔喀内部的社会威望，积聚自身在宗教权威与政治实力方面的感召力。于是，宗教与政治、僧侣与权贵的利益结合很快在喀尔喀蒙古中形成了以土谢图汗部为中心的政教合一的社会统治。

历世哲布尊丹巴呼图克图，尤其是一世与二世哲布尊丹巴呼图克图，对于促进喀尔喀蒙古全部归附于清廷的政治影响力是相当重要的。因此，具有"臣服"这一标志性意义的蒙古朝贡法律制度中势必会把哲布尊丹巴系统的朝贡活动单独另立，而这种单独另立式的特殊规定，既说明清廷高度重视哲布尊丹巴呼图克图在蒙古地区的广泛号召力进而着意于亲近与友好，又通过哲布尊丹巴系统的朝贡规定以示蒙古部众对清廷臣服的完整性程度与权威化意义，从而凸显了清廷居高于蒙古地方诸部之上的中央统治地位。

在清代蒙古朝贡法律制度中，规定了哲布尊丹巴与喀尔喀蒙古中的土谢图汗、车臣汗一样，在朝贡活动中履行"九白年贡"的制度，并因此而获得丰赏。对于清廷赏赐九白贡使的规定，《大清会典事例》中如是记载：

顺治十二年题准：每年进贡九白之札萨克等，赏给重三十两银茶筒各一，茶盘各一，缎各一，布各七十。赏正使缎各三，布各二十四；副使缎各二，布各十二；仆从布各六。在部赐燕一次。②

———————————

① 多罗那他（1575—1643），西藏觉囊寺寺主。明万历四十二年（1614）受藏巴汗派遣来到喀尔喀地区传教。他在漠北传教二十年，深得各部敬重，生前被尊称为温都尔格根（即哲布尊丹巴）。

② （清）会典馆编，赵云田点校：《钦定大清会典事例·理藩院》，北京：中国藏学出版社，2006年版，第376页。

顺治十五年（1658）以后，哲布尊丹巴就与土谢图汗、车臣汗、扎萨克图汗等每年遣使进京进九白年贡，尊奉清帝为天下共主，与清朝保持着朝贡关系。当喀尔喀部全部归附于清廷后，清朝在有关蒙古朝贡法律制度的规定中进一步明确哲布尊丹巴的朝贡职责、赏例、仪制、路途支应、履行"九白年贡"等规定：

泽卜（哲布）尊丹巴呼图克图朝贡

康熙三十年复准：泽卜尊丹巴呼图克图进贡九白，照定例赏给三十两银茶筒一，茶盆一，缎三十，布七十。赏来使缎三，布二十四，仆从布六。

又定：泽卜尊丹巴呼图克图来朝进贡，照科尔沁土谢图亲王例，到京日，内亲王、郡王、贝勒、贝子、公，内大臣以下、一品官以上，咸蟒袍补服，设茶于城郊外迎；回时，亦照此例郊饯。

又定：泽卜尊丹巴呼图克图到时，应照科尔沁土谢图亲王例给予食物。其随来之台吉等，悉照内扎萨克台吉等例给予食物。

又定：泽卜尊丹巴呼图克图本身来朝进贡，赏给雕鞍一，备漆鞍马一，重五十两银茶筒一，茶盆一，黄蟒缎貂皮袍褂一袭，黄里貂皮端單一件，黄蟒袍一件，靴、袜各一双，缎五十，布四百。随来之台吉、喇嘛、格苏尔班第等，各赏给羊皮、蟒缎、缘领袖缎袍一件、缎二、布二十。

又奏准：泽卜尊丹巴呼图克图遣使前来，仍照前例。

三十七年题准：泽卜尊丹巴呼图克图来朝进贡，赏给雕鞍一，五十两银茶盆一，黄蟒缎袍褂一袭，靴袜各一双，缎三十，布三百。随来之大喇嘛、族中台吉喇嘛、呼图克图之养子台吉，各赏缎二，斋桑喇嘛、斋桑护卫各缎一。

五十九年奏准：泽卜尊丹巴呼图克图，仍照科尔沁土谢图亲王例给予食物，内惟鸡鹅折银，回时路费亦给予食物。其随来人等各按品级，照例给与廪给及回时路费。

六十一年议准：泽卜尊丹巴呼图克图遣使进贡，不得过十有五人。正使日给银五钱，坐马二匹，副使日给银三钱，坐马一匹，仆从各日给银五分。均核给四十日。骑来马尽数交管喂养。回时路费，正使给银三两，副使一两五钱。①

可见，有关哲布尊丹巴呼图克图朝贡的法律规定在康熙年间，因喀尔喀全部归附清廷而得以全面明确地加以完善，从中也可以看到清廷对于哲布尊丹巴呼图克图朝贡规定的特殊性，即具有与喀尔喀各部政治统领者一样行"九白年贡"的义务，又有与内札萨克科尔沁蒙古一样的亲密待遇，科尔沁蒙古因在历史上与满族的政治、联姻、血缘等因素上与清廷形成如胶似漆的联系，所以清廷对科尔沁在朝贡中的待遇是极为优厚的，而此时则把对待科尔沁的优厚待遇也施予哲布尊丹巴呼图克图，故而足见清廷的安抚与笼络。

由上可知，从清初开始，对清廷中央履行朝贡义务的蒙古地区主要是指内扎萨克的漠南蒙古和作为外扎萨克的漠北、漠西卫拉特—厄鲁特蒙古等诸部，以及哲布尊丹巴呼图克图。这些规定在以后的雍正、乾隆等清帝执政期间都被继续沿用，这说明从清初开始，蒙古诸部一直都保持着与清朝中央的朝贡关系。而清朝皇帝也正是通过明确、固定地把这种朝贡法律关系中的义务主体加以规定，从而为针对蒙古的朝贡法律制度进一步趋向完备化发展提供了前提条件。从主观上讲，这是为了促使这种朝贡法律制度的臣属意义更具制度化、法律化，并且有利于加强与蒙古上层势力的亲密联系、强化对蒙古控制的渗透力；从客观上讲则使蒙古的王公贵族、名侯将相们的世袭身份与特权地位得到清朝统治者的进一步确认与保护，满足了蒙古诸部上层贵族势力在蒙古内部社会中的权力欲望与利益要求。因此，这为清代蒙古朝贡法律制度在蒙古诸部内广泛推行与有效实施既提供了有力的社会基础，又扫清了人为障碍。

需说明的是，理藩院于康熙年间曾奉旨修改关于土默特归化城朝贡的规定：

---

① 赵云田点校：乾隆朝内府抄本《理藩院则例》，北京：中国藏学出版社，2006 年版，第 148—150 页。

康熙三十四年：土默特效力甚苦，嗣后马鹿鹰鹞等贡，永行停止；四十

年：停止归化城土默特进贡石青。①

这说明，针对本是内扎萨克蒙古序列中的归化城土默特二旗的朝贡制度于康熙四

十年前后逐步被取消，这也是因为"康熙四十年前后巡视至归化城，见两旗官兵萎

靡，弓马不习，故将两旗都统革退，补以京员"② 一事而触发，并且归化城土默特二

旗于康熙四十年以后完全被排除在内扎萨克以外而被并入驻京的内属八旗蒙古之内，因

此在康熙四十年以后的清代蒙古朝贡法律制度中的朝贡义务主体就不再包括归化城土默

特二旗。

三、朝贡法律制度的具体规定

在清代蒙古朝贡法律制度中，清廷依据对蒙古诸部贵族封爵等级的差异，区别化地

规定身份等级不同的蒙古王公贵族们须按何种相应的等级身份履行朝贡义务、接受不同

的赏赐标准及在朝贡行礼中依爵位品秩而定的座次顺序等朝贡的仪式制度，对于外藩蒙

古诸部进行朝贡的时间、朝贡的仪制、贡道的限定、贡物种类与数量等内容也作出明确

而具体的规定。正是通过实施如此等级分化的制度内容，有力地强化了清帝皇权至上的

统治地位及蒙古诸部称臣忠顺的被统治状态。这不仅为清朝管理与控制蒙古朝贡的具体

活动安排提供了明确的法律依据，也为蒙古对清廷的朝贡行为提供了法律化的规范标准

与行为准则，更是为蒙古朝贡事务及活动的现实化运行与实施提供了法律制度的依据及

保障。清代蒙古朝贡法律制度的具体内容如下。

---

① （清）会典馆编，赵云田点校：《钦定大清会典事例·理藩院》，北京：中国藏学出版社，2006 年版，第
319 页。

② 张永江：《论清代漠南蒙古地区的二元管理体制》，《清史研究》，1998 年 2 期，第 29 页。

（一）朝贡的等级与仪制

1. 划分朝贡的蒙古部落及其贵族的身份等级

依据清代蒙古朝贡法律制度的相关规定，即使同一蒙古部落内部，对于有资格前去朝贡的蒙古贵族成员的主体身份也要有严格的爵位等级、高低贵贱的划分。清朝对外藩蒙古诸部所属的上层阶级有如下等级爵位的划分：

> 亲王、郡王、贝勒、贝子、镇国公、辅国公。此外，还有台吉、塔布囊，另喀尔喀蒙古等在亲王以上还有汗爵。①

这是清政府依据封爵制度对外藩蒙古诸部的内部上层势力进行的身份等级划分，这也成为进一步明确具体化的朝贡义务主体的重要法律依据。在清代有关朝贡规定的法规文本中，无论是"朝觐"门、"贡献"门，还是"宴赍"门等，都是围绕上述对蒙古部族及其内部贵族身份的划分等级而设定具有差异性的朝贡义务或朝贡赏赐的。蒙古部落前来朝贡的都是蒙古当地的王公贵族、将相名人等握有蒙古重权或享有较高社会声誉的上层贵族阶层的主体。

在《钦定蒙古律例》的朝贡文中也具体规定：

> 年礼朝贡，蒙古王、贝勒、贝子、公、台吉、等来朝时，内扎萨克编作三班，外喀尔喀、青海之厄鲁特扎萨克编作四班，一年一班来朝②，外藩蒙古之固伦公主、亲王以下固山格格、公等以上，遇朝贡、会亲、嫁女、娶妇，俱报

---

① （清）会典馆编，赵云田点校：《钦定大清会典事例·理藩院》，北京：中国藏学出版社，2006 年版，第50 页。

② 张羽新等主编：《清朝安边治国民族立法文献汇编》卷18《钦定蒙古律例》，北京：中国民族摄影艺术出版社，2009 年版，第409 页。

院请旨，方许前来，不请旨不准私来。①

不止如此，在《理藩院则例》中同样有明确的制度规定：

> 顺治五年定：蒙古王、贝勒、贝子、公、台吉、都统等，准于年节来朝；康熙五十九年题准：年例朝觐，蒙古二十四部落，定例分为两班，将班次晓谕应来之王、贝勒、贝子、公、台吉等，令其按期朝集；国初原定：喀尔喀、厄鲁特及驻扎额济纳之土尔扈特分四班，一班为扎萨克图汗及部内贝勒一人，辅国公一人，一等台吉三人……二班为图什业汗，及部内辅国公品级一等台吉一人……三班为车臣汗，及部内贝勒、辅国公各一人，一等台吉四人……四班为三音诺彦扎萨克亲王，及部内郡王、贝勒、镇国公各一人，辅国公三人，一等台吉二人。②

以上这些规定都说明，在蒙古朝贡法律制度中，朝贡虽是外藩蒙古诸部的义务，但并不是其藩部所属的任何主体都可以履行，而是对履行该义务的主体身份有着极为明确与严格的等级规定，不遵守该主体身份的规定而履行朝贡义务的蒙古贵族，一样是要受到相关法律制度的责罚与制裁。上述制度内容中，针对前来朝贡的外藩蒙古所属贵族的主体身份规定，具有明显的等级差异性，但却有效地笼络与控制了当地蒙古社会的上层贵族势力。同时，也更便于清廷管理、控制、监督外藩蒙古诸部前来朝贡的行为活动，使朝贡义务主体更加详尽化、具体化、明确化，保障了朝贡法律关系中权力主体即清朝统治者的至上权威。

---

① 张羽新等主编：《清朝安边治国民族立法文献汇编》卷18《钦定蒙古律例》，北京：中国民族摄影艺术出版社，2009年版，第411页。

② （清）会典馆编，赵云田点校：《钦定大清会典事例·理藩院》，北京：中国藏学出版社，2006年版，第296—303页。

2. 朝贡仪制

朝贡仪制是有关朝贡法律制度中的礼数、仪式等程序化要求，既包括蒙古诸部前来朝贡时必须遵守与进行的仪式制度，也包括在朝贡之后作为赏赐或奖励蒙古诸王公贵族的筵宴、宴赉等礼节。

运用法律制度的方式固定朝贡仪制，无论是对于清朝而言，还是对于蒙古王公贵族们来说，都已经不是单纯象征性意义上的礼节仪式了，而是意味着是否具有确定性的臣属关系及爵位等级高低等的政治身份上的法律制度安排，这种方式也必然有利于强化和固定蒙古王公贵族世袭爵位的政治地位，必然受到蒙古上层势力的普遍认可甚至是尊奉。

对于朝贡的礼数、仪式、必要的程序化步骤或手续等仪制要求，在《钦定蒙古律例》的朝贡文中规定为：

> 年礼庆贺，外藩蒙古王、贝勒等年例俱穿朝服望阙行三跪九叩礼；外藩蒙古之固伦公主、亲王以下固山格格、公等以上，遇朝贡、会亲、嫁女、娶妇，俱报院请旨，方许前来，不请旨不准私来；凡台吉、塔布囊等进贡，该扎萨克将各人职名、年岁、附丁、若干贡物数目等，逐一开明给付印文。①

这是对前来朝贡时须遵守的礼仪、须经过的呈请程序、严格履行的备案手续等法律制度的明确而具体化的规定表述。

除此之外，理藩院也对朝贡仪制有详尽安排：

> 顺治十八年题准：年节来朝，或进贡，或会集，其座次先一二等台吉，次

---

① 张羽新等主编：《清朝安边治国民族立法文献汇编》卷18《钦定蒙古律例》，北京：中国民族摄影艺术出版社，2009年版，第409—419页。

蒙古精奇尼哈番，次三等台吉，次蒙古管旗章京，次四等台吉、管旗副章京，次蒙古参领、蒙古佐领，其蒙古阿思哈尼番以下，各按品级分别叙座。

康熙五年定：一二等台吉，于内大臣之下叙座。二十六年题准：朝觐来京之王等，凡遇祭祀，一例斋戒，遇朝会按班齐集。二十九年复准：喀尔喀等来使，皆行三跪九叩礼。三十九年复准：年例来朝之喀尔喀汗、王、贝勒、贝子、公等行礼及恩赐，均照内扎萨克之例。

雍正元年奏准：准噶尔来使，元旦朝贺，于朝鲜国后第三班行礼。

乾隆二十年定：杜尔伯特等部落汗、王、贝勒、贝子、公、扎萨克台吉，各按品秩，序于喀尔喀之次，其行礼恩赐，均照内扎萨克之例。①

此外，乾隆时期的宾客清吏司所沿用的朝贡仪制的规定，就是"国初定"之制以及康熙年间所定之制，还如康熙三十二年所议准的规定一样，仍记载朝贡仪制为：

蒙古王、贝勒及俄罗斯等处来使，如遇年节冬至，及凡遇庆贺，皆行三跪九叩礼。来使凡遇召见赐茶即赐燕（宴），均行三跪九叩礼。食毕，行一跪三叩礼。②

在《钦定大清会典事例·理藩院则例》中还记载有：

国初定，年节来朝之蒙古王等，均于岁除赐燕（同宴）一次，新正赐燕二

---

① （清）会典馆编，赵云田点校：《钦定大清会典事例·理藩院》，北京：中国藏学出版社，2006 年版，第 291—292 页。

② 赵云田点校：乾隆朝内府抄本《理藩院则例》，北京：中国藏学出版社，2006 年版，第 67 页。

次，月日，五旗王府各设燕一次。①

上述这些对朝贡仪式制度的规定内容，不仅有力地说明了有关蒙古朝贡仪式制度是通过法律制度化的模式而不断得到普遍推行与适用，而且可以清晰地认识到清廷与蒙古诸部亲疏远近关系的不断变化，如漠西与漠北蒙古的朝贡仪式制度规定就有所差异，而再以康熙三十年为界点，又可以看到喀尔喀蒙古诸部所行朝贡仪制在此时间界点前后又有很大区别：

康熙七年题准：喀尔喀进贡之使与厄鲁特之使同来令厄鲁特之使首坐，喀尔喀等使接坐，……台吉等之来使，令各按旗坐。二十年题准：厄鲁特、喀尔喀来使，不令同日行礼，又题准：厄鲁特、喀尔喀来使，遇万寿元旦冬至，令厄鲁特在右翼、喀尔喀在左翼行礼。②

三十二年奏准：岁除筵宴之喀尔喀汗、亲王、郡王、贝勒、公、札萨克一等台吉等，各按品级，均坐在右翼，内札萨克亲王、郡王、贝勒、公、札萨克一等台吉次之。三十九年复准：年例来朝之喀尔喀汗、王、贝勒、贝子、公等行礼及恩赐，均照内扎萨克之例。新入四部落次序于喀尔喀之下。③

可见，因为漠北蒙古于康熙三十年以后就归附于清王朝，故康熙三十九年就有"年例来朝之喀尔喀汗、王、贝勒、贝子、公等行礼及恩赐，均照内扎萨克之例"的朝贡仪制规定的变化；再如，由于漠西蒙古于乾隆二十二年时正式全部归附于清，故乾隆二十年时就有属于漠西蒙古的杜尔伯特等部落来京朝贡时"行礼恩赐，均照内扎萨克之例"

---

① （清）会典馆编，赵云田点校：《钦定大清会典事例·理藩院》，北京：中国藏学出版社，2006 年版，第 366 页。

② 赵云田点校：乾隆朝内府抄本《理藩院则例》，北京：中国藏学出版社，2006 年版，第 194 页。

③ 赵云田点校：乾隆朝内府抄本《理藩院则例》，北京：中国藏学出版社，2006 年版，第 140 页。

的朝贡仪制规定的调整。

（二）朝贡的贡期与班次

有关朝贡的贡期与班次的制度主要是规定蒙古诸部何时来京朝觐、进贡以及来京朝贡的年班班次等内容。

朝贡既可指只面见皇帝的朝觐，又可指没有面见皇帝而只进贡贡品，还可以指既朝觐又进贡。由于当时的社会交通并不发达与便利，而蒙古诸部又多地处于西部、北部边疆，因此清朝对于蒙古诸部朝贡的贡期与班次的时间安排做出专门性规定，以便蒙古诸部能根据自身情况合理安排来朝行程，从而保障蒙古朝贡事务的顺利实行。朝贡的贡期与班次是通过以朝觐的时间和年班的安排来确定。如：

> 顺治五年定：蒙古王、贝勒、贝子、公、台吉、统筹等，准于年节来朝。
>
> 六年题准：蒙古朝觐之期，每年定于十二月十五日以后、二十五日以前到齐。
>
> 八年提准：各蒙古分为两班，循环来朝。①

这是清入关后，理藩院有关蒙古诸部来京朝贡时间明确化规定的最早记载，这一朝贡时间的确定在此后历代清帝时期都被加以沿用。而年班制的具体安排虽然随着清代对蒙古诸部控制的不断加强而稍有调整与变化外，也基本延续了年节来朝与分班来朝这一惯例性的制度规定。又如：

> 康熙元年题准：每年元旦，令归化城、土默特二都统轮班来朝，留一人办
>
> 事。三十九年题准：年例来朝之喀尔喀扎萨克等，若令与内扎萨克等一例分为

---

① （清）会典馆编，赵云田点校：《钦定大清会典事例·理藩院》，北京：中国藏学出版社，2006 年版，第 296 页。

两班朝觐，则路途遥远，殊非体恤之意，嗣后将喀尔喀扎萨卡分为四班，将班次晓谕，均令其按年于十二月封印前来京。五十九年题准：年例朝觐，蒙古二十四部落，定例分为两班，将班次晓谕应来之王、贝勒、贝子、公、台吉等，令其按期朝集。

雍正四年谕：向来四十九期王台吉等，分为两班来京，其家中既有要务，或身抱病疴，亦必前来，交春始回本地……冬月往返劳苦，深可轸念，嗣后有愿来京请安者，当于青草时仍令前来，其循年例来京者，分为三班，二年一朝，俾得休息，钦此。

乾隆五年奏准：在御乾清门行走之内扎萨克王贝勒以下台吉以上，分为两班，令其每年万寿节轮班来朝，又奏准：科尔沁、敖汉、巴林三处，公主之子孙姻亲台吉等定为四班，科尔沁、巴林每年各派台吉十员，敖汉派台吉二十员，轮班来朝。①

由此可知，清朝规定蒙古对清中央朝贡的时间基本是按照朝觐年班制度进行的。年节的固定时间点与年班班次的明确化规定，有利于朝贡法律制度在实施中具有明确且稳定的时间性效力。

（三）贡物的数量与种类

对贡物的数量与种类的规定，是清朝政府要求蒙古诸部前来朝贡时需要进贡的物品。对此，蒙古朝贡法律制度对贡品就既有数量上的限制，也有种类上的明确规定。一般来讲，应该是蒙古诸部所在地的珍稀土特产，或者是清朝统治者因自身统治需要而要求蒙古诸部进行专门进贡的特需物品，当然，还有些贡物是具有某些政治象征意义的特殊物品。

---

① （清）会典馆编，赵云田点校：《钦定大清会典事例·理藩院》，北京：中国藏学出版社，2006年版，第296—302页。

在《钦定大清会典事例·理藩院》和乾隆朝内府抄本《理藩院则例》中有关于"贡物"标准的规定，如：

> 归化城土默特二旗，四季贡马百六十三匹，每年贡石青二千斤；青海土尔古特贡藏香、氆氇、马；喀尔喀八札萨克，每年进贡白驼各一匹，白马各八匹；每年节进贡，科尔沁十有二九，计羊百有八只，乳酒百有八瓶，鄂尔多斯六旗，吴喇特三旗，共进九九，计羊八十一只，乳酒八十一瓶，余二十五旗，共进三九，计羊二十七只，乳酒二十七瓶。①

在这些具体规定中，按照不同的朝贡主体规定了不同的贡物种类，对于相同的贡物又因进贡主体的不同而在贡物数量上加以明确区别。对于贡物的这些规定，在清朝历代皇帝中也基本得以传承与延续。

当然，对于归化城土默特二旗所贡的马、鹿、鹰、鹠、石青等物品因该二旗后来归于内属蒙古而不再设扎萨克，因此在康熙四十年以后该二旗停止进贡。而对于"九白之贡"，清朝明确规定只允许蒙古诸部中的特殊朝贡主体行"贡岁九白"，即"喀尔喀图谢图汗、车臣汗、哲卜尊丹巴呼图克图岁贡进白骆驼一只白马八匹"②，而其他未有授予的蒙古诸部不得行"九白之贡"，这是因为，尽管"康熙三十年多伦会盟，命喀尔喀七旗与四十九旗同列，喀尔喀王贝勒、贝子、公等放弃'蒙古礼'而对康熙帝行'三拜九叩'，表示臣服"③，但"康熙三十年复准：土谢图汗、车臣汗既留汗号，令仍旧进贡白驼一、白马八，其余（诸部）概不得进贡九白"④。这说明，"九白之贡"的贡物是清代

① 赵云田点校：乾隆朝内府抄本《理藩院则例》，北京：中国藏学出版社，2006 年版，第 71、72、141、193 页。

② 张羽新等主编：《清朝安边治国民族立法文献汇编》卷 18《钦定蒙古律例》，北京：中国民族摄影艺术出版社，2009 年版，第 410—411 页。

③ 刘凤云编：《清朝的国家认同》，北京：中国人民大学出版社，2010 年版，225 页。

④ （清）会典馆编，赵云田点校：《钦定大清会典事例·理藩院》，北京：中国藏学出版社，2006 年版，第 320 页。

蒙古朝贡法律制度中针对具有特定政治意义的蒙古朝贡部族而设立的特殊制度安排，这是特定历史时期中满蒙民族关系发展的制度化产物。

（四）规范贡道的划分

这是有关清朝对蒙古诸部来京朝贡的具体路线的法律规定。理藩院之所以要严格规定贡道，一方面，是考虑到蒙古诸部分布于中国广袤的西部、北部边疆，地理复杂、气候多变、路途遥远，于是明确规定贡道的途经位置以便于蒙古诸部顺利抵京进行朝贡。而另一方面，理藩院把针对蒙古诸部的朝贡法律制度中的贡道内容加以规定，其实就是把分而治之的对蒙统治政策以朝贡法律制度的形式予以加强，具体且固定的贡道划分制度是对分而治之政策的呼应与现实化的表现之一。

理藩院对蒙古诸部朝贡的贡道安排详细而清晰，即漠南、漠北、漠西及青海等蒙古诸部朝贡来途必须严格按照以下规定执行：

> 科尔沁、郭尔罗斯、杜尔伯特、札赖特，均由山海关。土默特、札鲁特、阿禄科尔沁、敖汉、奈曼、喀尔喀左翼、喀喇沁、翁牛特，均由喜峰口。阿霸哈纳尔、阿霸垓、蒿齐忒、乌朱穆秦、巴林、克西克腾，均由独石口。喀尔喀右翼、四子部落、苏尼特、毛明安，均由张家口。归化城土默特、鄂尔多斯、吴喇忒，均由杀虎口，以达京师。[1]

> 青海（蒙古）由西宁。喀尔喀、厄鲁特、土尔古特由张家口、独石口、喜峰口。[2]

如此划定与分布，对于蒙古诸部前来朝贡的沿途路经之地就十分明确了。而从疆域

_____

[1] 赵云田点校：乾隆朝内府抄本《理藩院则例》，北京：中国藏学出版社，2006 年版，第 71 页。

[2] 赵云田点校：乾隆朝内府抄本《理藩院则例》，北京：中国藏学出版社，2006 年版，第 141 页。

管理与地理划分上来看，更便于对蒙古诸部的朝贡活动进行管理与控制，同时限制了蒙古诸部落之间的相互联系或彼此渗透，从而为分而治之的对蒙政策提供重要的法律制度保障。

（五）朝贡的奖惩机制

1. 褒奖措施

在清代蒙古朝贡法律制度中，对于遵守该项法律制度并加以履行朝贡义务的行为一般都设有奖励或赏赐的措施，这是保障该项法律制度能够有效运行的必要环节。在《钦定蒙古律例》《理藩院则例》中，都有对前来朝贡的蒙古贵族如何施以奖赏或恩赐的内容规定：

> 国初定，赏归化城进贡官员袭帽带靴、弓箭、鞍辔、银两等。[1]

> 康熙三十一年复准，喀尔喀多罗贝勒，初次请安进贡，喀尔喀多罗贝勒，初次请安进贡，赏给漆鞍马一匹，银茶盆一个，狐皮黑蟒一件，染貂帽一顶，镀金鞋带连小刀、手帕、荷包一副，头等斜皮净面靴及缎袜各一双，缎十五匹，毛青布一百五十匹；雍正元年谕，策妄阿拉布坦来使布债等，各赏缎四匹，蓝布二十四匹，从人各赏彭缎二匹，蓝布八匹等。[2]

上述规定，在雍正朝以后基本加以延续适用。有关赏给制度的法律规定在《钦定蒙古律例》和《理藩院则例》的朝贡门中比比皆是，如对于如期前来朝贡的蒙古诸部沿途、在京及回京之路上，都会有"廪给"的规定，如：

---

① 赵云田点校：乾隆朝内府抄本《理藩院则例》，北京：中国藏学出版社，2006年版，第195页。

② 赵云田点校：乾隆朝内府抄本《理藩院则例》，北京：中国藏学出版社，2006年版，第246页。

顺治十三年题准：厄鲁特达赖汗等使人还者，给驿马二十五匹、马车十二匹。其带来马驼，每宿处给予草料，至西宁止。①

康熙六十一年议准：泽卜尊丹巴呼图克图遣使进贡，不得过十有五人。正使日给银五钱，坐马二匹，副使日给银三钱，坐马一匹，仆从各日给银五分。均核给四十日。骑来马尽数交管喂养。回时路费，正使给银三两，副使一两五钱。②

当然，为了更好地表示皇族贵戚对蒙古朝贡来者的恩典，尤其是向蒙古贵族彰显清朝的富足与强大，在京期间，还会有"燕赉"的礼遇：

国初定：年节来朝之蒙古王等，均于岁除赐燕（宴）一次，新正赐燕两次，月日，五旗王府各设燕一次。

康熙三十九年复准：年例来朝之喀尔喀汗王、贝勒、贝子、公、台吉等，赐燕赏赉，及五旗王府筵燕，一如内扎萨克之例。③

这些内容详尽的褒奖措施在蒙古朝贡法律制度中发挥了重要的功能。

一是有效地笼络和控制了外藩蒙古诸部王公贵族等上层社会的势力，使得这种称臣纳贡的朝贡法律制度在外藩蒙古诸部得以顺利实施，显现了武力征服所不能比拟的政治效果。

二是通过丰厚的赏给与赐予，既展示了清王朝雄厚的国家财富与经济实力，又标榜了清朝帝王一向主张的"天下一统，华夷一家"④ 民族关系的政治理念，故而在蒙古朝

---

① 赵云田点校：乾隆朝内府抄本《理藩院则例》，北京：中国藏学出版社，2006 年版，第 193 页。
② 赵云田点校：乾隆朝内府抄本《理藩院则例》，北京：中国藏学出版社，2006 年版，第 149 页。
③ 赵云田点校：《钦定大清会典事例·理藩院》，北京：中国藏学出版社，2006 年版，第 366、368 页。
④ 刘凤云：《清朝的国家认同》，北京：中国人民大学出版社，2010 年版，第 234 页。

贡法律制度中仍然采用"厚往薄来"这种优待有加的奖赏方式，以表示清王朝的"大一统"民族观。

2. 惩罚措施

尽管清朝所规定的有关蒙古诸部对清中央的朝贡法律制度设计中，明确规定哪些蒙古部落需要对清中央进行朝贡，从而为有关蒙古的朝贡制度提供了实施的前提条件，而且还较全面且系统地规定了何时朝贡、朝贡何物、贡道安排、朝贡时所要遵循的程序规定等具体内容，为有关蒙古诸部的朝贡制度的具体操作提供了充分条件。但是，仅有如上的规定内容还不够，因为作为清朝调整民族关系的行政性法律规范之一的蒙古朝贡法律制度，它所规定的前提条件和具体制度运作中的权利与义务关系的实现，还有赖于与此相关的强制性措施。相关规定内容如下记载：

> 顺治十八年题准：厄鲁特来贡者，途中买来喀尔喀男妇女子女，准其转卖，令买主于户部存案。
>
> 康熙二十二年题准：厄鲁特噶尔丹进贡使臣，有印凭者，许进内。①

再如在《大清会典事例》中记载有：

> 顺治五年定：每年四季，蒙古王公等，每旗各遣一人来京听事。
>
> 康熙十三年题定：台吉等年老有疾者，准遣使代贡。年壮无疾者，不准遣使。②

这些都是为了保障蒙古朝贡制度以严格、规范的法制形式获得推行的强制性规定，

---

① 赵云田点校：乾隆朝内府抄本《理藩院则例》，北京：中国藏学出版社，2006年版，第193—195页。

② 赵云田点校：《钦定大清会典事例·理藩院》，北京：中国藏学出版社，2006年版，第393页。

而对于违反蒙古朝贡法律制度的行为，必须提供以国家强制力为后盾的相应惩治与责罚措施，才能有力地保障清代蒙古朝贡法律制度在现实中的真正确立与完全实现。

但由于清代蒙古朝贡法律制度的政治意义更为突出，即清朝十分注重运用蒙古朝贡法律制度中的"厚往薄来"的丰厚赏赐达到既笼络又控制蒙古诸部上层势力的统治效果，由此维护清朝所要求蒙古诸部进行称臣纳贡体制的严肃性、权威性、君权至上性。所以，在清代蒙古朝贡法律制度中，有关处理违反蒙古朝贡事务行为的规定，实际上是以违反规定的行为是否触及皇权至上与是否有碍蒙古向清廷臣服为底线，从而划定对违反规定的行为处罚的严苛与否。

对于违反蒙古朝贡法律制度规定的一般化行为，只是以禁止性规范加以表述，而责罚力度很轻甚至只是表达为一种否定性的态度。如：

顺治十四年题准：藩固伦公主、亲王以下，县君、公以上，或以朝贡，或以嫁娶，及探亲等事欲来者，俱报院请旨，不准私来。①

这条规定是针对不遵守朝贡制度的一般性违规行为，这些行为并不必然损害皇权至上的绝对地位，更是无碍于蒙古诸部对清廷的归顺与臣服，对于清廷与蒙古诸部之间的臣属关系以及身份等级存在的干扰力是微乎其微的，所以就只以"不准私来"这一禁止性规范加以责备与否定。

而对于在蒙古朝贡事务中，存在有损于皇权威严、扰乱封建身份等级、混淆臣属隶属关系等目无法纪的行为，则视为严重的违规行为，必须严惩不贷，通常是以鞭刑、革职、罚俸、罚畜等较为严厉的处罚措施进行惩戒。如：

康熙二十六年题准：朝觐来京之王等，凡遇祭祀，一例斋戒，遇朝会按班

① 赵云田点校：乾隆朝内府抄本《理藩院则例》，北京：中国藏学出版社，2006年版，第234页。

齐集，违者罚俸六月。

三十三年复准：蒙古王等朝贡随来兵丁络绎不绝，于各旗台吉、参领、骁骑校内，选一人为头领监管，倘有抢掠盗窃，一并议处，并行文各扎萨克，凡无贡物空身来者，停其给发印文。①

在这两条规定中，前一条是严重违反朝贡礼仪的，因为既然是来朝贡的臣属，遇君王"祭祀"就必须"斋戒"，遇清廷"朝会"就须"齐集"，否则就是无视君权之神圣、未尽称臣纳贡的义务，是所谓乱"纲纪"的不忠不孝，所以要以"罚俸六月"严惩之。而后一条规定，则明显是规定朝贡遣使来京的"纪律"："抢掠盗窃"不仅有害于京城秩序的安定，而且无视皇权的法纪，因此必然"一并议处"，而对于前来朝贡却不带贡物的人，则属于视朝贡为儿戏且忽视君臣有别的严重违规行为，故首先取缔违规者的特殊政治身份资格，即"停其给发印文"。再如：

康熙五十六年复准：蒙古台吉等进贡人入口时，令守边口官查明贡物，即用印文，交步兵赍送，不得迟延勒索，如违，交部严究议罪。

又议准：进贡之台吉等，由该扎萨克处，各将职名、年貌、贡物数目并愿来之台吉，逐一开明，给印文令其来京。倘将册内无名品级未到之台吉，徇情滥给印文令来者，将该扎萨克王、贝勒、贝子、公、台吉等，各罚俸一年，协理旗务台吉，各罚牲畜五九。②

这两条规定，是对具有朝贡资格的蒙古王公贵族等前来朝贡时的资格备案审查与履行必要的通关检查程序，对于不符合资格要求、不按规定进行备案、不遵守例行检查的

---

① 赵云田点校：《钦定大清会典事例·理藩院》，北京：中国藏学出版社，2006年版，第391、393页。

② 赵云田点校：《钦定大清会典事例·理藩院》，北京：中国藏学出版社，2006年版，第393页。

当事人以严重违规者处置，而对于徇私枉法、玩忽职守的相关责任人都予以经济上的严惩与刑事罪责的制裁。对此，清朝还在后期的有关蒙古朝贡法律制度的规定中进一步详细、规范地予以规定，并依据细化后的规定对于违反者予以严厉的处置。如《大清会典事例》中记有：

> 乾隆十二年议准：每年冬季进贡之台吉等，均编班次，令其轮流行走。有千余台吉之旗，令二三百人前来；五百以上台吉之旗，令百余人前来；止二三百台吉之旗，来者不得过六十人。若有事故不能来者，不得逼勒。其愿来之台吉，务先询明，每人给印文一纸，并载姓名，以杜冒替。并将各旗所留名数，汇造一簿，先期报院，以备查核。二十七年议准：每年冬季进贡之台吉，定于六月内造册报院，核对后行文该札萨克，令其来贡。
>
> 道光十九年定：台吉进贡，俱令本身来京，如差人顶替，革去台吉，仍罚五九牲畜。其顶替之人，鞭一百，罚五九牲畜，并将领过缎布、廪饩、路费，追出交院。其为首及同来之台吉，均罚三九牲畜。倘有知情扶同隐匿者，革去台吉职衔。[①]

另外，在《钦定蒙古律例》《理藩院则例》中也有对于因假冒及混淆身份等级制度规定进行朝贡而遭受严厉惩罚的法律规定内容。如：

> 康熙十七年题准：外藩各旗庶人冒称台吉进贡者，鞭一百，罚三九，骁骑校冒称佐领进贡者，革职罚三九，同来台吉知情冒赏者，革去台吉，罚五九。[②]
>
> 凡假冒台吉进贡鞭一百罚三九牲畜；若台吉不来另差人顶替进贡者将台吉

---

① 赵云田点校：《钦定大清会典事例·理藩院》，北京：中国藏学出版社，2006 年版，第 394 页。

② 赵云田点校：乾隆朝内府抄本《理藩院则例》，北京：中国藏学出版社，2006 年版，第 243 页。

革职，罚五九牲畜，将顶替进贡人鞭一百罚三九牲畜；将为首前来之台吉捏报之台吉俱革职，罚五九牲畜，将同来不首出之台吉等各罚三九牲畜；将假冒领出缎布等物、路费俱追出缴院。①

以上这些违反朝贡法律制度规定的行为受到严厉严惩的原因，总体来讲就是：一方面是因当事人无视皇权所赋予的"朝贡"来使的身份资格，模糊了处于臣属地位之人所应履行的义务；另一方面，是因为这些违规行为扰乱了正常的朝贡制度运行的方式与效果，对外围的社会秩序带来了不同程度的负面影响，如有关官员会"徇情滥给印文""进贡人"会施以"迟延勒索"等严重冲击朝贡制度中皇权至上性的政治特点。因此，在清王朝看来，只有依靠必要而严厉的惩罚措施，才能使蒙古朝贡制度长期化、稳定化，才能使清王朝对蒙古诸部的统治权力得以全面加强与深化。

第二节　蒙古朝贡法律制度的特点

有清一代，满族统治阶级根据中央集权统治的需要，结合对蒙古地区统治力度的深入与控制范围的扩大，及时调整对蒙古统治的政策。正是在对蒙古政策的调整与变化过程中，清代蒙古朝贡法律制度才逐渐成熟与完善。这在《蒙古律例》《理藩院则例》中有关专门针对治理蒙古的法律规定中得以具体化、规范化地体现。不仅如此，实际上在《大清会典事例》"理藩院"部分中，也明确记述了清朝历代皇帝对有关蒙古朝贡事宜的相关法律规定内容的完善与不断发展。

尽管这些规定蒙古诸部以朝贡方式表达对清廷臣服的法律文本，在形式上是采用清廷的法律表达与颁布的方式，在实质上是以清朝统治者的统治意志为转移。但是，为了

———————————

① 张羽新等主编：《清朝安边治国民族立法文献汇编》卷18《钦定蒙古律例》，北京：中国民族摄影艺术出版社，2009年版，第418页。

使蒙古朝贡法律制度能更好地为清廷笼络蒙古权贵势力而服务，为了能更好地在蒙古地区和蒙古权贵之间推行蒙古朝贡法律制度，从而达到清廷的统治目的，清朝统治者就需要在制定蒙古朝贡法律制度时，考虑蒙古权贵、蒙古社会自身特有的社会文化与民族传统。从清太宗起，清朝皇帝以及依托皇权而执掌蒙古事务的理藩院，就在不断适时修订、及时补充并大力推行与实施蒙古朝贡法律制度。在这过程中，清朝统治者始终保持着对不同民族之间具有差异性的文化的清醒意识，这使得清代蒙古朝贡法律制度在制定过程中，渗透着清王朝统治者既要保障中央统治与地方管理的法制统一，又要关注中央政权与蒙古地区关系的协调稳定，还要体现不同民族传统背景下的法律文化。由此，清代蒙古朝贡法律制度就在立法思想、立法形式、法制内容等三个主要方面形成了自身的特点。

一、体现"礼法合一"与"援俗而治"的立法思想

"礼法合一"的法律思想是中国古代历朝统治者一以贯之的法律理念，即以儒家之礼与法家之法为核心内容，既倡导以礼仪定制与伦理道德塑造社情民风的德治文化，也重视以"严刑峻法"的威慑力去奸邪、治臣民从而实现国制康泰的法治观念，以期达到维护"君臣有序、贵贱有别"的等级秩序。其中，礼义教化是根本，而峻罚惩戒是辅助。

清朝统治者继承这一法律思想，并将它运用到管理蒙古朝贡事宜及具体活动中，先用友好遣使、礼尚往来的朝贡礼仪与制度教化蒙古王公贵族，使其倾心于逐日强盛的清王朝，然后对于不愿意接受清朝统治的蒙古部落、违反针对蒙古朝贡所立法律规定的蒙古贵族或平民则予以惩处与严罚，正所谓"明罚敕法之中，仍寓柔远怀来之意"。[1] 清朝统治者采用蒙古朝贡法律制度控制蒙古诸部的初衷就在于：朝贡体制本身就具有怀柔抚绥之义，这对于清朝而言，无论是在入主中原之际还是在巩固大一统的政治格局之中都十分重要。利用蒙古朝贡法律制度中赏赐丰厚、身份等级明确、朝贡仪制隆重等具有

---

① 杨选第、金峰校注：光绪本《理藩院则例》，呼和浩特：内蒙古文化出版社，1998年版，第129页。

鲜明政治特权色彩的职责义务规定，笼络了蒙古王公权贵，增强了蒙古诸部对清廷中央的向心力和依赖性，促使蒙古势力对清廷在军事上能身先士卒，在政治上可以尽忠职守，实现清朝统治下的北部边疆安定，维护了清朝专制统治秩序的长治久安；而反过来，这又是清代蒙古朝贡法律制度得以贯彻执行的保证。

当然，蒙古诸部的王公权贵也必须遵照清帝的旨意和蒙古朝贡法律制度的相关规定，在清廷授权的权限范围内才可享有特权与履行职责，如若渎职、越权，违反有关朝贡法律制度的事宜安排，必然受到罚畜或者罚俸、降级、革职等法律处罚。罚畜从天聪年间已经开始实行，到康熙年间，因现职的蒙古王公已由朝廷供给俸银，于是就有了罚俸的处罚。蒙古朝贡法律制度规定的相关处罚就是对任现职的蒙古王公实行罚俸处罚，而对闲散王公、协理台吉等仍保留罚畜的处罚。

具体而言，罚畜以数为差，一、三、五、七、一九、二九至九九不等。罚俸则以年月为差，分三月、六月、九月、一年、二年至八年不等。降级，以级为差，有降级留任与降级调用之别。革职处分至革职为止。蒙古朝贡法律制度通过规定这些惩戒措施，有效地保障了清朝对蒙古王公的控制与威慑，所以清朝统治者在《蒙古律例》《理藩院则例》《大清会典事例》等官方法律文件中，都规定蒙古王公前来朝贡的种种优厚待遇以及相关惩戒有度的措施。这无疑是"礼法合一"理念下德主刑辅这一法律主张在蒙古朝贡法律制度中的具体表现。

"礼法合一"的儒家法律理念为清代蒙古朝贡法律制度的创制提供了宏大的法律思想指导，但作为中央封建王朝统治边疆民族地区的重要制度之一，清代蒙古朝贡法律制度必须要具有对蒙古朝贡如何具体操作、怎样符合蒙古社会实际而设置相关规范的立法内容，这才是保障该法律制度可能成为有效控制蒙古甚至有力统治蒙古的关键。因此，清代蒙古朝贡法律制度在不断发展与逐步完善的变化过程中，始终保持"援俗而治"的法律创设理念，以蒙古地区现有的政治、经济、文化、民族传统等社会现实为依据，为自身能够得到真正的贯彻实施提供具有参照性与现实性的规范内容。

清代蒙古朝贡法律制度是由清朝统治者创立用来约治蒙古诸部、控制蒙古地区的重要法律制度，清朝统治者本身就是少数民族，对于少数民族情结的关注，尤其是对满族与蒙古族之间在血缘上、文化上、风俗习惯上的相似性了解，使得清廷在创立蒙古朝贡法律制度时极为强调"援俗而治"的立法方针，正所谓"修其教不易其俗，齐其政不易其宜，旷然更始而不惊，靡然向风而自化"，[①] 从而力图到达既承认蒙古地区的民族特殊性，但又能严格控制蒙古上层势力的治理效果。蒙古朝贡法律制度中的很多规定，多是以蒙古地区居民习以为常的生活方式与实际且具体的社会环境为依据，如对贡物的规定多是当地土特物产，对惩罚的规定也多以游牧经济社会中克罚牲畜的方式为主，而在对蒙古贵族的朝贡资格划定时，是在原有蒙古封建领主制的经济结构和社会等级的基础上加以重新安排与命名。不仅如此，清朝还按照满洲八旗制度的组织原则，结合蒙古原有的鄂托克、爱玛克等蒙古社会的自有组织创立盟旗制，以盟、旗作为基本行政单位，设置盟长、札萨克等一些具有蒙古贵族身份的清廷地方官职，从而配合蒙古朝贡法律制度的应用与实施。因此，出自蒙古社会的盟长、札萨克就不仅仅是被动履行朝贡职责的蒙古权贵，他们不仅是协助清朝中央推行与贯彻蒙古朝贡法律制度的蒙古地方权力机构的重要组织成员，而且还必须依据蒙古朝贡法律制度中所规定的不同身份等级或爵位品秩的差异按期履行朝贡职责，当然也由此享受着清廷中央所给予的程度不同的丰厚回馈与赏赐的特权。可见，蒙古朝贡法律制度以援俗而治的立法思想为创设标准，不仅可以使蒙古民族的习惯与风俗获得认可与尊重，而且大大降低了蒙古朝贡法律制度推行与适用的社会阻力，便于该法律制度所蕴含的统治目的的顺利实现。

总之，清代蒙古朝贡法律制度在立法思想上尊崇"礼法合一"与"援俗而治"的法律思想，这使得该法律制度具有了威德兼具、怀柔抚绥的双重功能特征。

二、立法形式的多样性与灵活性

清朝的法律形式多种多样，主要包括：律典，如《大清律例》；会典，如从康熙到

---

① （清）祁韵士著：《皇朝藩部要略》（序），全国图书馆文献缩微复制中心，1993年版，第2页。

光绪年间分别完成的《康熙会典》《雍正会典》《乾隆会典》《嘉庆会典》《光绪会典》等，即"五朝会典"；还包括条例、事例、则例和成例，如《大清会典事例》《理藩院则例》等。而清代蒙古朝贡法律制度不仅是清代民族法制的重要组成部分，而且也是清代法制统一发展的必然结果。因此，清代蒙古朝贡法律制度的内容也多以律典、会典、事例、则例等多样性与灵活性的文本形式加以表现，较为典型的就是《蒙古律例》《理藩院则例》《大清会典事例》《大清会典》等。

《蒙古律例》是清代只针对蒙古地区的统治管理而制定、颁布的民族法规，这是清朝入主中原后颁行的第一部体系庞大、内容丰富的民族法规。康熙三十五年（1696），理藩院将清太宗以来陆续颁行的一百二十五条有关蒙古事务的法令，汇编为《理藩院则例》，作为处理蒙古事务、巩固和加强蒙古各部对清廷中央王朝的臣属关系以及维护蒙古社会秩序的法律依据。后来随着清朝统治蒙古地区的政治形势的发展和蒙古社会内在变化的需求，清廷根据统一多民族国家的历史环境，经过乾隆、嘉庆、道光三朝，对原有的《理藩院则例》多次加以修订、补充，最终正式编纂为十二卷本的《蒙古律例》，其中卷之三"朝贡"就是专门规定蒙古诸部朝贡事宜的法律内容。《蒙古律例》在法律形式的性质上兼具实体法与程序法的双重性质，在内容上汇聚了行政法、民事法、军事法、宗教法、经济法、刑事法等诸法合体的特点，由此，蒙古朝贡法律制度的内容通过《蒙古律例》这一中央律法文本得以明确，正式地固定下来。

《理藩院则例》主要是按照理藩院所辖几个司属机构的职掌，以时间先后为序，记述了清廷对西北边疆少数民族事务管理与处置的相关法律规定，而有关蒙古朝贡事宜的法律内容分别在朝觐、贡献、廪给、燕赉、仪制等制度门类中加以明确规定。在清朝，例是重要的法律形式。则例、事例等实际上都是例之一种，只是事例多以时间为序、辅助会典记录历年颁布的规定，而则例多是独立的行政法规。在清代的民族法规中，则例的地位与内容更为突出。可见，以则例的法律形式确立清代蒙古朝贡法律制度的相关内容，不仅说明该法律制度在清代民族法制体系中的重要地位，体现了整个清代律法体制的多样性与民族性的独特色彩，而且说明清代蒙古朝贡法律制度在结构上的日趋完善，在内容上的日渐丰富，在调整对象上与实施规模上的不断拓展与扩充。

此外，在《大清会典》以及《大清会典事例》中也有关于蒙古朝贡法律制度的相关规定内容，在此不予以赘述。《大清会典事例》是以时间为序，以辅助《大清会典》中涉及的蒙古事务为标准，记录自顺治朝开始延至清朝末年间，清廷历年颁行的有关蒙古朝贡事宜的法律规定与执行内容。

可见，清代蒙古朝贡法律制度的立法形式具有既有以综合性法典，如《大清会典》加以总体规定的表现形式，又有以针对蒙古地区特点而创立的专门性法规，如《蒙古律例》《理藩院则例》中以具体详尽的法律内容规定了蒙古朝贡事宜，还有以"例"这种因时因势而及时删减过时旧例、补充应时新案的法规形式，如《大清会典事例》中有关蒙古朝贡事宜的法律内容。由此可见，清代蒙古朝贡法律制度的立法形式具有多样化与灵活性的特点。

三、法律内容的一体化与多元性

法律，既是统治阶级意志的反映又是社会现实关系的具体再现，法律来源于统治者的需要并受社会现实的制约，而同时法律又具有反映社会现实、反作用于社会现实的理性价值。作为清代民族法制内容的蒙古朝贡法律制度，根植于当时多民族交错生存的社会环境，它既是清廷利用多元法文化服务于"天下一统"的政治产物，又是直观把握多元法文化对清代法制产生不同影响的法律载体。从这一意义讲，清代蒙古朝贡法律制度就是满、蒙、汉多种民族文化的集合体。当然，由于处于统治地位的满族统治者入关后，深受中原汉法文化的熏陶，因此，清代蒙古朝贡法律制度的内容上具有侧重以汉法文化为核心，兼顾满蒙民族法文化的特点。

在清代蒙古朝贡法律制度的规定中，随处显现着该法律制度注重三纲五常的尊卑等级与德主刑辅的礼仪教化的儒法内容。在规定蒙古朝贡主体资格的身份制度上，充分展现了清廷与蒙古诸部之间、蒙古诸部内部的贵族之间礼法文化中特有的尊卑有序、贵贱有别的内容。对漠北喀尔喀蒙古岁贡"九白"的特殊要求，正是"唯君王权威至上、须等级贵贱有别"的儒家伦理法制秩序的表达。在朝贡仪制上，更是以爵位高低及蒙古诸部对清廷臣服与归顺的程度不同，授予蒙古贵族们贵贱有别的待遇，以此坚守礼法文化中君臣有别、贵贱不同的纲常理念。而对遵守或违反蒙古朝贡规定的奖惩措施，则把礼法文化中德主刑辅的治理主张表露无遗。一方面，清廷对遵守并履行朝贡制度的蒙古贵族进行丰厚赏赐，而不论赏赐之礼与进贡之物在经济价值上是否是对价相当的，这种"厚往薄来"的奖赏机制无疑是受礼法文化中"以德而治""厚德宽仁"理念的影响，这也确实有力地笼络了蒙古诸部上层社会的势力；而另一方面，对于违反蒙古朝贡制度的行为不予纵容，施以对于蒙古贵族及蒙古属民而言较为严厉的惩治与责罚。

当然，满蒙民族法文化的交融在蒙古朝贡法律制度中也释放着渗透性的影响。满蒙民族法文化的旺盛生命力是不能阻挡的，更何况清代一向秉承"参汉酌金"的立法模式，其中"酌金"的拓展化路线就为满蒙民族交融的法文化渗透于蒙古朝贡法律制度提供了充分的释放空间。满蒙民族交融的法文化形成，在很大程度上是由于满族与蒙古族一直保持着血缘相近、文化相系、生产生活方式相似等民族间的相互认同性与依存性，这也正是清代蒙古朝贡制度能够较全面地包含并体现蒙古民族的风俗习惯与传统文化的历史原因。

在蒙古朝贡法律制度中，不仅采用了"内、外扎萨克"的称谓，而"扎萨克"即为蒙古语音译中的一种官名，即"藩封掌印"，其意为"一旗之长"。这样的称谓规定，不仅更易于被蒙古族人所接受，而且便于蒙古朝贡法律制度在蒙古诸部内的推广与普及。而且，蒙古朝贡法律制度还与清廷封爵制相互配合适用，规定蒙古诸部上层贵族需接受清廷授予的"亲王、郡王、贝勒、贝子、镇国公、辅国公。此外，还有台吉、塔布囊，另喀尔喀蒙古等在亲王以上还有汗爵"① 等满族文化制度中的爵秩称谓，这就体现了作为主宰中央政权的满族统治者，能够把自身民族文化置于国家法制中的优势地位。

① （清）会典馆编，赵云田点校：《钦定大清会典事例·理藩院》，北京：中国藏学出版社，2006年版，第50页。

　　蒙古朝贡法律制度在贡物种类与数量的规定上，多以蒙古地区的土特产或盛产之物为准，当然这些物品也多是清廷所缺的。如从"顺治二年题准：归化城土默特二旗，四季贡马一百六十三匹，免贡缎匹。十四年题准：归化城二旗，每年进石青两千斤"①的规定看，由于蒙古民族是一个马背上的游牧民族，马是他们重要的生产工具与生活资料，因此马匹资源在蒙古地区无论从数量还是从品质上说都较为丰富和优良，石青也是当地盛产的一种蓝色矿物质颜料，但缎布之类等农耕经济的优势产物，在贡物要求中则不作为重点规定甚至于直接免去。这正是清代满族与蒙古民族曾经长期交错生活，从而获得的实际经验在该法律制度中的体现，这就大大提升了蒙古朝贡法律制度的可行性与实践操作性，从而在制度规定上保证了蒙古朝贡法律制度的实效性。

　　在贡道安排上，充分地考虑蒙古诸部分布于中国广袤西部、北部边疆的特点，清晰地认识到蒙古诸部所面对的地理复杂、气候多变、路途遥远的客观现实，于是明确规定按照漠南、漠北、漠西蒙古所在的特定地理位置安排贡道，由此清廷对蒙古诸部前来朝贡的路线设置不仅十分明了而且易于掌控，就疆域管理与地理划分而言，这既便于蒙古诸部遵守朝贡制度、履行朝贡义务，又便于清廷通过规范管理朝贡途经之地从而有效控制蒙古诸部的活动。

　　在违反规定时的惩治措施上，更是彰显满蒙民族交融的法文化色彩，典型的就是"罚畜"与"设誓"。如：

　　　　凡假冒台吉进贡鞭一百，罚三九牲畜；若台吉不来另差人顶替进贡者将台吉革职，罚五九牲畜，将顶替进贡人鞭一百，罚三九牲畜；将为首前来之台吉捏报之台吉俱革职，罚五九牲畜，将同来不首出之台吉等各罚三九牲畜；将假冒领出缎布等物、路费俱追出缴院。②

---

　　①　赵云田点校：乾隆朝内府抄本《理藩院则例》，北京：中国藏学出版社，2006 年版，第 193—194 页。

　　②　张羽新等主编：《清朝安边治国民族立法文献汇编》卷十八《钦定蒙古律例》，北京：中国民族摄影艺术出版社，2009 年版，第 418 页。

这是专门就假冒台吉朝贡而规定的惩罚。因为延至清代，蒙古族社会依然是以畜牧与游牧经济形态为主要的生产和生活方式。这种"罚畜"的惩罚制度设计既以满族统治者充分利用对蒙古族社会经济发展与生活命脉的了解与熟知为前提，又是以蒙古民族习惯法文化的重要内容为依据，从而形成在管理蒙古朝贡事务中具有"因地制宜"的针对性惩戒措施。实际上，蒙古习惯法文化中的罚畜，不仅多以牛、马、羊等本民族主要的生产与生活资料为主，而且还有标准化的数量规定，一般是以"九"为基数的三九、五九、九九等不同的惩罚制度与标准。在辽阔的蒙古高原，若对蒙古族人施行汉法中的流、徒等刑罚是不具有现实意义上的约束与惩治等功能的。

除此之外，清廷还在蒙古朝贡法律制度中沿用了满族与蒙古族的习惯法文化中都有的"设誓"习俗，以便应对有关严重侵害或违反朝贡规定本应重处甚至死刑的疑难案件，如规定"凡不招承应死重罪，又无证据，概为疑狱，令设誓完结"。① 在蒙古族早期的"约孙"文化中就已有通过设誓解决纠纷的民族习惯，而在满族社会通过设誓解决矛盾也并非鲜有先例，努尔哈赤就曾强制八旗将领"立誓"并"把誓言上告"。② 因此，"设誓"习俗进入蒙古朝贡法律制度的规定中，即是满蒙民族的习俗文化具有相通性与交融化的结果。

总之，清代蒙古朝贡法律制度的内容具有多种法律文化交织与互动的特点，满蒙民族法文化的交融体现在该法律制度的各个细节中，而中原汉法文化也在蒙古朝贡法律制度中得以彰显，这又促进了清代蒙古朝贡法律制度的"内地化"程度。由此，清代蒙古朝贡法律制度的具体内容就蕴含了主要以满、蒙、汉为民族文化元素的多元性特点。

---

① （清）会典馆编，赵云田点校：《钦定大清会典事例·理藩院》，北京：中国藏学出版社，2006 年版，第421 页。

② 张晋藩：《清朝法制史》，北京：中华书局，1998 年版，第 11 页。

第五章
清代蒙古朝贡法律制度的实施及成效

　　清代蒙古朝贡法律制度在实现清朝对蒙古的全面统治中发挥了举足轻重的历史作用，这既是清朝实现自身政权发展需要的统治意志所决定，又是清朝所面对的多民族纷然杂陈的社会关系格局的必然选择，还是清代民族法制体系逐渐完备、法制内容不断健全的表现，尤其是满、蒙民族之间交错生存的历史再现。当然，满蒙民族长期交往的民族关系以及清廷与蒙古诸部的互动化政治关系，虽然不是决定清代蒙古朝贡法律制度产生的根本原因，但却能对该项法律制度的具体实施状况与效果带来重大影响，而这些重大影响又会反过来作用于清代蒙古朝贡法律制度的进一步发展与变化。

　　从结果上看，清代蒙古朝贡法律制度最终是以体系完备、内容全面的立法形式被载入清朝国家律法体系之中，但从过程上看，清代蒙古朝贡法律制度的存在与发展却并非一蹴而就。该法律制度是在复杂化的民族关系不断变更的历史背景下推演，并伴随清朝大一统政治格局的日渐巩固、蒙古诸部最终作为隶属于清廷中央的地方组织时，才逐渐显现自身发展的成熟与完备，却又随着清王朝政权的衰落、蒙古诸部对清廷中央向心力的弱化，而逐步松弛乃至终止的历史过程。仅仅由该制度复杂而漫长的发展阶段还不能很好地说明清代蒙古朝贡法律制度在清朝社会中实际适用的效果如何，虽然该法律制度的立法内容已经全面展示了自身作为国家法律制度的重要地位与具体构成，但是还不能很好地说明清代蒙古朝贡法律制度是如何在满蒙民族关系的互动中不断变化发展，也不能多层面地论证该法律制度在有清一代对蒙古社会的具体实施效果。本章就清代蒙古朝贡法律制度的实施状况及效果特点进行说明，从而深入理解清代蒙古朝贡法律制度对于清朝实现大一统政治目标的历史价值，对于清代的民族法律制度发展与完善的法律意义，以及对于清代多元化民族关系格局尤其是满蒙民族关系的历史影响。

第一节　清入关前到顺治时期

任何一项法律制度若要具有实际效力，就须关注它所在的社会现实，即不是在描述某种社会现实，就是在为某种社会现实而服务，否则该项法律制度就如无源之水、无本之木而落得形同虚设的境地。在此意义上，清代蒙古朝贡法律制度的出现与创始就不仅仅是对清朝统治阶级意志的反映，也是为提高蒙古诸部对清廷依附程度的现实要求而服务，还是对满蒙民族遣使交往的实践性活动的概括化描述。

事实上，自后金政权建立之后，蒙古诸部就陆续开始对后金——清朝进行遣使进贡的活动了。因此，在考察蒙古朝贡法律制度的实施状况时，就必须从清入关之前的相关历史事实中入手，从而梳理清代蒙古朝贡法律制度在清入关前到顺治时期这一初创阶段的具体运行状况。

一、努尔哈赤与皇太极时期的实施状况

这一时期，以朝贡模式与后金政权互动往来的蒙古诸部主要是指包括科尔沁、内喀尔喀、察哈尔等在内的漠南蒙古。尽管漠北喀尔喀蒙古在此时期曾经遣使于后金，并于皇太极时期专门致书信说明意欲以遣使通贡的方式与后金交往，但并未对后金臣服。所以，处于早期雏形状态下的蒙古朝贡法律制度于此时的实施状况主要体现在漠南蒙古，漠北蒙古还不是主要的实施对象。

（一）漠南地区

天命三年（1618），努尔哈赤强化对女真各部的统治并集结兵力欲对明起兵时，与幅员辽阔、拥兵百万的明朝相比，此时的后金依然处于兵微将寡、势孤力单的劣势。在当时的历史局势下，蒙古作为明和后金之外的第三大军事力量当然成为后金的首选拉拢结交目标。

由于满族与蒙古的多个部落都处于犬牙交错的生存环境中，所以他们对蒙古部族的秉性、习惯非常了解，而且也深知蒙古部族在当时历史环境下的重要政治角色，于是就采取了对蒙古诸部远交近攻、先弱后强、恩威并施的策略。万历二十一年（1593），努尔哈赤大败由蒙古科尔沁贝勒翁阿代、莽古思、明安三个贝勒参加的九国联军，"蒙古科尔沁贝勒明安，马被陷，遂弃鞍，裸身，乘骒马逃，仅身免"[①] 而狼狈逃遁。为了拉拢科尔沁部，努尔哈赤不仅宽待蒙古战俘，而且选出俘获的蒙古人二十，赏赐他们锦衣、战马，让他们回到蒙古部落。这种恩威并施的策略很快奏效。次年，努尔哈赤的统领属部就迎来了"北科尔沁部蒙古贝勒明安、喀尔喀五部贝勒老萨，始遣使通好……自是蒙古诸贝勒通使不绝"。[②] 随着后金政权的确立与漠南蒙古的逐步归附，后金统治者为了强化对已归附蒙古部落的笼络，并不断招抚新的蒙古部落的来降，于是派遣使者，以丰厚的物品赏赐于各个蒙古部落，而其中有的蒙古部落是出于对后金政权日益强势威胁的怯懦，有的则是受后金政权的经济诱惑，还有的则是出于自保而希望与后金政权保持互不侵扰的友好状态，由此对于后金的遣使赏赐要么是感恩戴德，要么是礼遇有加，而这在满族统治者看来，正是融入蒙古势力集团最好的切入口。努尔哈赤建立后金政权之后，蒙古诸部不断遣使于后金以示恭顺，而努尔哈赤也因此对前来进贡的蒙古部落表示友好并回赐慷慨。对此，根据《满文老档》摘录如下：

---

① 《清实录》第一册，《清太祖实录》卷二，第40页，北京：中华书局，1987年影印本。

② 《清实录》第一册，《清太祖实录》卷二，第41页，北京：中华书局，1987年影印本。

天命元年至二年：十二月，蒙古明安贝勒次子哈坦巴图鲁台吉送马四十四，前来叩见，按其兄之例赐物遣之返回。丁巳年，英明汗五十九岁。正月，闻蒙古国科尔沁明安贝勒来见。正月初八日，汗亲自率众福晋及诸弟子出城至百里外相迎，露宿二夜。初十日，于富尔简岗，与明安马上相见。以接见礼，大宴会于岗。十一日晨，蒙古明安贝勒献驼十只、马一百只、牛一百头，驼载毡子三驮和干肉十三车及乳饼子油二车。是日入汉城。大英明汗念蒙古明安贝勒远道而来，以礼相待之，每日小宴，间日大宴，留之三十日，赐以人四十户，甲四十副，及缎细布匹等物至足，送三十里外，露宿一夜。①

天命四年十一月初一日，与喀尔喀五部相盟和好，缮写誓书。②

天命七年三月初六日，喀尔喀达尔汉巴图鲁贝勒之使者率四男、四女前来，献驼一只、熟羊皮三十张及整羊肉十只；是日，察哈尔敖汉、奈曼部遣使二人前来；十三日，察哈尔敖汉、奈曼部使者归去；十八日，察哈尔敖汉、奈曼部遣使七人前来。③

天命七年六月二十五日，汗御衙门，颁敕书与蒙古来投之兀鲁特、喀尔喀诸贝勒，并大宴会之。二十六日，赏赐敖汉使者，为首者各赏银八两，跟役各赏银三两，令其于七日启程。④

可见，此时以漠南蒙古诸部为主的遣使进贡与后金政权的丰厚赏赐，形成了漠南蒙古与后金政权之间的和平状态，漠南蒙古由此避免了与后金之间的正面冲突并且可以获得后金的政治庇护与军事上的联盟、经济上的援助，而后金也借此加强了漠南蒙古对满

---

① 中国第一历史档案馆译注：《满文老档》，北京：中华书局，1990 年版，第 49—50 页。
② 中国第一历史档案馆译注：《满文老档》，北京：中华书局，1990 年版，第 121 页。
③ 中国第一历史档案馆译注：《满文老档》，北京：中华书局，1990 年版，第 349、350、358、361 页。
④ 中国第一历史档案馆译注：《满文老档》，北京：中华书局，1990 年版，第 389 页。

族政权的依附。

到皇太极时期，遣使往来已成为满族政权与蒙古诸部进行互动交往的主要方式，而在遣使往来的过程中，蒙古诸部为示友好必然携带馈赠礼品，而满族政权方面为了进一步笼络蒙古诸部的势力，防止与之发生正面冲突，往往对来使是礼遇有加、回赠丰厚，这样便在蒙古与满族政权之间逐步形成了一种不成文的交往惯例，即凡不与满族政权为敌者就需以遣使进贡的方式以示亲好。这在天聪二年正月，皇太极致书蒙古喀喇沁部诸贝勒、塔布囊时就有说明，即如若与后金修好并得以庇护、援助，就须遣使来议。相关史料记载如下：

　　二十四日，汗及诸贝勒亲率兵卒追察哈尔逃入，获二百户。次日，……遣使携天聪汗诏书，往谕喀喇沁部乌尔黑诸贝勒及塔布囊曰："尔等来书言察哈尔汗不道，欲与我和好。今果欲盟誓修好，当以二塔布囊为首，令乌尔黑诸贝勒各遣使来。待使臣至，面议诸事可也。"①

可见，蒙古喀喇沁部如若不按皇太极的要求履行遣使行为，那么就不能被认为是诚心与后金修好，当然后金庇护或支援喀喇沁部抵制察哈尔部的侵扰也就无法兑现。为了获得与后金满族政权的合作，同年七月，喀喇沁部首领很快按照皇太极的要求派使臣前往后金驻地，而皇太极也为了迅速与漠南蒙古建立起满蒙联盟，欣然接受来使，八月，与喀喇沁部盟誓修好。对此《满文老档》如是记述：

　　天聪二年七月十九日，据报称喀喇沁部之汗使喇嘛四人，领率五百三十人至。命阿济格、硕托、萨哈廉三贝勒出迎，设筵宴引之入城。二十五日，大宴来使。

――――――――――

①　中国第一历史档案馆译注：《满文老档》，北京：中华书局，1990 年版，第 880 页。

八月初三日，与喀喇沁部议和，誓告天地书曰：满洲、喀喇沁，同心修好，刑白马乌牛，誓告天地。满洲若不践盟言，与喀喇沁部结怨，则天地鉴谴，殃及满洲，夺其寿算，若恪守盟誓天地之言盟，则天地垂佑，寿命延长，至子孙千世，永享太平。①

皇太极通过要求喀喇沁部遣使前来的方式，实现了与该部盟誓、联盟的目的。这其中，自然是后金政权占有相对主动的地位。当后金政权蒸蒸日上之时，漠南蒙古诸部内部矛盾却处于升级状态，相互征战、离心离德，这就为提升后金政权的政治权威与凝聚力提供了绝好时机。以《满文老档》中记述的以下两件事为例：

天聪二年十二月：

一是，郭弼儿图之子根度尔、郭儿图之子桑古儿等来朝，奏曰：我等曾因察哈尔部兴兵离散，往附科尔沁部。兄郭儿图已故，弟郭弼儿图，以科尔沁扰害难堪，欲依傍汗，率众来归，已至开原以北。先遣俄桑古儿、桑阿尔寨等前来贡马驼朝见等语，汗逐指于驻牧之地。

二是，蒙古扎鲁特部色本、马尼，当察哈尔汗兴兵侵喀尔喀时，败逃，往附科尔沁部。科尔沁部诸贝勒不肯收，又闻天聪汗善养人民，举部来归。闻知，汗带诸贝勒出迎一里外，入城，汗御殿，来归之蒙古诸贝勒拜见毕，大宴之。②

可见，桑古儿部众以及属于内喀尔喀蒙古的扎鲁特部都是因为迫于察哈尔部的兴兵袭扰而投靠科尔沁，却因科尔沁也无力庇护，而投降于后金，虽然不排除这些蒙古部众

---

① 中国第一历史档案馆译注：《满文老档》，北京：中华书局，1990 年版，第 889 页。
② 中国第一历史档案馆译注：《满文老档》，北京：中华书局，1990 年版，第 918 页。

此时投靠后金只是作为权宜之计，但是也客观地反映出当时很多苦于内讧的蒙古部落都是看到已投诚于后金的蒙古部族得到的是宽容礼待，于是都以遣使贡物的方式陆续向后金示好的事实，这在很大程度上反映出了后金当时政治凝聚力的上升。自此之后，漠南蒙古向化归顺于后金政权的部众日渐增多，而这些已经归附或意欲与后金修好的蒙古部落又多以来朝进贡的方式或表达或强化这种盟好、归附的关系。天聪五年正月，漠南蒙古各部纷纷以庆贺元旦而朝觐贡物的频繁状况即是说明。对此，《满文老档》中记载有：

> 扎鲁特部诸贝勒来朝进贡马匹、牛羊；喀喇沁部贝勒来朝见天聪汗以进贡物示以庆贺元旦；阿鲁部诸台吉来朝庆贺元旦进贡驼马；科尔沁部哈坦巴图鲁遣其子来朝庆贺元旦进献马匹；扎鲁特布台吉来朝贺元旦进献马驼；喀喇沁部台吉庆贺元旦并进马匹等。①

对于蒙古诸部的进贡之物，后金皇太极不仅未曾全部纳之，相反却以丰厚回赠予以蒙古诸部。当然，这是蒙古诸部尊崇后金政权才会得以"厚往薄来"的礼遇，但如若违反或是不予尊崇，当然会受到后金的斥责甚至惩罚。《满文老档》中的下述记载即是例证：

> 天聪五年四月二十五日，扎鲁特部噶尔诺特鄂儿博台吉、布库特鄂儿博台吉，当汗班师时，未谒见汗而去，故此拟罪，罚驼一、马一。②

根据记述中，该两台吉只是在班师之时未谒见皇太极就被科罚马、驼这类蒙古人社会中最关键的生活与生产资料，那么可以推断，如若不尊奉或违反年节进贡方物、缺席

---

① 中国第一历史档案馆译注：《满文老档》，北京：中华书局，1990 年版，第 1086—1092 页。
② 中国第一历史档案馆译注：《满文老档》，北京：中华书局，1990 年版，第 1120 页。

朝觐这些惯例，必然难免惩处，甚或是更为严厉。

由于前往后金接受皇太极的召见，并按后金惯例与要求履行贡使职责就可获得丰厚赏赐，这就使奔命于内部征战的蒙古诸部不仅可以获取有力的经济支援，而且可以增进与后金的密切联络，从而降低自身在诸部内讧的斗争中处于孤立无援的风险。从这一层面上讲，是否能够遣使到后金政权驻地进贡物品尤其是接受皇太极的召见，对于蒙古中部而言就是一种潜在的政治机会，甚至是与后金关系是否密切的风向标。而后金也深知此中奥妙，因此会采用停止朝贡的方式约制蒙古。如《满文老档》中记载：

天聪五年十一月二十八日　天聪汗致书科尔沁部诸贝勒停止遣人来朝

是日，致书科尔沁曰："奉天聪汗命，致书土谢图汗阿衮属下诸台吉，不论有罪无罪者，停止前来请安，以免马匹疲惫。凡犯罪之诸台吉，当不劳累马力，遵议定之法律而行。倘违背议定之言，劳累马力，不勤劳应行之事，来请安者，何为哉？"①

可见，皇太极以是否准予朝贡为手段牵制着科尔沁蒙古部属，在他看来的"有罪"者必须伏法，若科尔沁蒙古对此不能与后金达成一致意见，则用"停止遣人来朝"这一具有制裁意味的方式，促使科尔沁蒙古听任后金对其内部事务的操控。由此可见，在满族统治者的政治视野中，朝贡不应是仅凭经济诱惑来俘获蒙古诸部的人心，更应该是以政治控制为依托的。因此，能否"遣人来朝"的关键在于科尔沁部是否听从后金统治者的意愿对皇太极认为的"有罪"之人进行惩罚。事实上，随着后金政权对蒙古诸部的势力渗透日益深化，年节蒙古来朝进贡、后金回馈丰厚赏赐已成为双方在交往形式上的共识。每当元旦、除夕等节日，皇太极携众臣子按照后金仪制的规定行朝拜之礼时，归附

---

① 中国第一历史档案馆译注：《满文老档》，北京：中华书局，1990 年版，第 1177 页。

于后金的蒙古部众也附随其中，且在此期间进献方物。如有记载：

天聪七年癸酉正月初一日。天聪汗率诸贝勒大臣，叩拜堂子。初满洲国例，拜堂子时间，免冠行礼。汗谕诸贝勒曰："兹后祭神免冠，元旦拜堂子不免冠。"于是，戴冠叩拜毕，返回拜神。礼毕进衙门升座，以元旦礼，……次外藩蒙古诸贝勒、贝勒莽古尔泰【原档残缺】携来之察哈尔、喀尔喀诸贝勒行礼；次科尔沁【原档残缺】；次阿禄部诸贝勒行礼；……叩拜礼毕，察哈尔、喀尔喀部落诸贝勒、科尔沁部落诸贝勒、阿禄部落诸贝勒进见汗，行抱见面礼仪，命入衙门赐茶。

是日。外藩蒙古诸贝勒扎鲁特部落内齐、额依登、青家布、喀布海、桑土、桑古尔、额参德、根度尔、朱彻达尔汉巴图鲁、桑噶尔、戴青、博尔济、桑噶尔斋、吉尔哈朗、恩克参、多尔济、奈曼部落洪巴图鲁、绰克图、杜尔巴、阿禄部落绅博惠、卓礼克图、达尔汉台吉、噶尔马台吉、伊尔扎木台吉、吴巴希、巴林部落塞特尔、满珠习礼等，前来朝贺元旦，进贡马驼。

初四日。翁牛特部落东戴青、吴喇特部落鄂木布、土门达尔汉台吉、杜巴、塞冷、海萨巴图鲁等，前来朝贺元旦，进贡马驼。

初八日。天聪汗赐给扎鲁特部落吉尔哈朗雕鞍一副、素缎二匹，毛青二十四、撒袋一副；赐巴雅尔图戴青貂镶朝衣一件、雕鞍辔一副；赐桑噶尔斋雕鞍辔一副、撒袋一副、玲珑腰带一条、素缎一匹、毛青十四；赐博尔济雕鞍辔一副、鞓带一条、素缎一匹、毛青十四、撒袋一副；赐桑噶尔明甲一副、腰刀一口、鞍辔一副、素缎二匹；赐满珠席礼及尚坚浑齐貂镶裘一件；赐内齐明甲一副、倭缎一匹、素缎一匹、雕鞍辔一副、毛青十四；赐赏达尔汉巴图鲁明甲一副、雕鞍辔一副、素缎二匹、毛青十四；赐额参德雕鞍辔一副、狐皮裘一件、撒袋一副、弓一副、素缎二匹、毛青二十四。

二十日。喀尔喀部喇巴泰、满珠习礼、喀喇沁部朵内衮济、衮出斯、达尔

麻第、噶尔玛、顾鲁格、塞冷、阿禄部绰思希、夸代侍卫、昂阿、查干席布
等，来朝庆贺元旦，进献马驼。①

可见，从天聪七年正月后金朝内因庆贺元旦而大宴内外诸王的记载看，漠南蒙古诸
部来朝，不仅行朝觐礼而且进贡马驼，后金对此当然予以强烈的肯定与丰厚的嘉奖，对
所来蒙古部落的首领及使者都以赏赐，当然因他们的身份级别不同、与后金亲密程度的
差异，在赏赐、礼遇等方面是有差异的，这在《清初内国史院满文档案译编》中都有详
细记述，在此不予赘述。通过朝觐、进贡这种交往方式，后金政权的礼遇有加不仅强化
了蒙古部落首领的身份等级，促进他们对自身地位的巩固，也使得后金满族政权的宗主
地位在蒙古部落中日渐确立。漠南蒙古诸部除了不定期地前往后金朝贡已成惯例，而且
每年凡遇元旦、除夕等节日，漠南蒙古必须朝贡便成为定制。对于蒙古行朝觐礼仪时座
次、行礼等都逐步加以规定，因尊崇朝贡惯例或定制的蒙古贵族当然甚得皇太极的恩
宠，不仅享有物质利益，而且加封爵号给予优厚的身份特权。

天聪八年甲戌正月戊子五更，诸贝勒集于汗衙门。寅刻，汗率诸贝勒大臣谒
堂子，行三跪九叩头之礼。嗣还宫复率诸贝勒拜神毕，汗御大衙门升座。……科
尔沁土谢图济农率本部诸贝勒行礼，次敖汉部济农额驸率察哈尔、喀尔喀诸贝勒
行礼；次阿禄部杜棱济农率本部诸贝勒行礼；次阿禄部达尔汉卓礼克图率本部诸
贝勒行礼；次喀喇沁部色楞塔布囊率本部众塔布囊行礼；……张黄幄于大衙门
前，汗坐幄内。大贝勒坐于右，济农额驸、杜棱济农、奈曼部洪巴图鲁等陪贝勒
坐，土谢图济农、扎萨克图杜棱、塔赖达尔汉贝勒，坐于左侧，其余，蒙古诸贝
勒列坐两侧。坐毕，以兽肉及酒百瓶大宴。是宴也，备陈百戏。

---

① 中国第一历史档案馆：《清初内国史院满文档案译编》（上），北京：光明日报出版社，1986 版，第 1—4
页。

初二日。以元旦礼，汗与大贝勒召诸贝勒、大臣及各地蒙古贝勒入衙门，备陈百戏，设宴。宴毕，汗曰："科尔沁部土谢图济农下巴珠代先赐号都喇尔侍卫，其做戏言语明爽，甚快心意，复赐都喇尔达尔汉之号，并赐御用绣面缎裘、蟒缎一匹，素缎一匹，毛青布十四，听其出入八和硕贝勒家，入则勿令空返，贝勒有加怜悯者，可予以赞助。"此谕宣知于诸贝勒及外藩蒙古诸贝勒。①

在此，前来朝贡的蒙古诸部都纷纷向后金进贡马匹、驼只、貂皮等物，后金也赏赐蒙古诸部许多生活所需的日常用品及部分奢侈物品。到皇太极改金为清时，蒙古诸部的朝贡就不仅仅停留在与清示好、保持与清联络密切的意义上，而是具有了更为深层次的"臣服"之意。

崇德元年四月。外藩蒙古十六部四十九旗贝勒以定汗尊号来朝。初二日，汗至大衙门升坐。各部诸贝勒、众台吉等以所携马二百三十三、驼二十七、蟒缎八、缎四、琥珀素珠一、绿壶二、貂皮百张、貂皮袄一、白狐皮一，陈列进献，遥拜一次毕。孔果尔老人自跪处起立，进前，时汗离座，迎面而跪，行抱见礼。次为首贝勒自跪处起立，近前，叩拜一次，抱汗膝见毕，以筵宴礼，其所携酒、肉献汗。朝见时，蒙古诸贝勒所进马、驼、貂皮、蟒缎及缎等物，汗阅毕，纳宾图貂皮六十，达尔汉洪巴图鲁马三，卓里克图黄台吉马三，蒙夸马二，多尔齐伊尔登马二，布木巴马一，扎木巴拉马二，达尔汉卓力克图马二，桑阿尔寨马一，图门马一，阿玉希马三，巴雅尔图戴青马衣，古鲁斯喜布蟒缎四、缎一，沙木巴蟒缎三、缎三，庚格儿湖泊素珠一、绿壶二，色本达尔汉巴图鲁貂皮三十，札萨克图杜棱之马三，亦纳之，余悉却之。②

---

① 中国第一历史档案馆：《清初内国史院满文档案译编》（上），北京：光明日报出版社，1986 版，第 49—50 页。

② 中国第一历史档案馆译注：《满文老档》，北京：中华书局，1990 年版，第 1420 页。

这是皇太极改金为清之后，漠南蒙古因"以定汗尊号"而来朝。此时的漠南蒙古是以皇太极划定的"十六部四十九旗"之贝勒为代表，携带进献之物拜见皇太极。但此时的朝觐礼仪与此前已有了显著差别，只有嫩科尔沁部左翼孔果尔老人与皇太极"行抱见礼"，其余首贝勒则于"跪处起立，近前，叩拜一次"，"抱汗膝"行礼。虽是细微的差别，却足以体现此时代表蒙古上层势力的诸贝勒对清廷的臣服，而清廷一步步地将蒙古诸部的这类朝贡行为加以规范化、制度化，目的就在于最终实现对蒙古的统治。当然，此时以朝贡方式接受清廷统治、表达臣服之意的蒙古部落主要是指漠南蒙古，这与清廷在蒙古地区建立正式的政治秩序密切相关。

（二）漠北地区

根据乾隆朝内府抄本《理藩院则例》中记载：

> 喀尔喀有三汗，西曰札萨克图汗，中曰土谢图汗，东曰车臣汗。天聪八年，车臣汗遣使来聘。崇德三年，三汗并遣使来朝。①

可见，在喀尔喀蒙古三汗中，车臣汗硕垒以遣使的方式与后金产生了最早接触。在皇太极时期，喀尔喀蒙古就表示了与后金以遣使通好的意愿。之后，天聪九年（1635）四月，后金收到了以喀尔喀马哈撒嘛谛塞臣汗（以下简称车臣汗）、土谢图汗和乌朱穆秦部塞臣济农等三人名义写给皇太极以示愿与后金遣使通好的信件。② 但由于清太宗还未来得及回复之时，双方就发生了局部冲突。1636 年，漠南蒙古被清朝征服后，漠北喀尔喀失去了缓冲带，暴露在清朝兵锋之下。此时的漠北喀尔喀蒙古更不愿与清朝发生正

---

① 赵云田点校：乾隆朝内府抄本《理藩院则例》，北京：中国藏学出版社，2006 年版，第 96 页。
② 齐木德道尔吉：《外喀尔喀车臣汗硕垒的两封信及其流传》，《内蒙古大学学报》，1994 年第 4 期，第 1 页。

面冲突，于是于崇德三年（1638），喀尔喀再次遣使来朝并进贡方物。对此，相关史料详细记载如下：

> 崇德三年戊寅八月二十日。土谢图汗奏称："北方喀尔喀部落土谢图汗遣使赴朝问宽温仁圣汗安，并贡方物。以土谢图汗为首，与卫征诺颜……等，同遣博洛特扎尔固齐、伟征朗苏来朝，贡马六十三匹、驼两只、貂皮十张、圆水獭皮两张、水獭皮一张、猞狸狲皮十张、雕翎五根、皂雕翎一根、俄罗斯国鸟枪两支。"
>
> 是日。撒嘛谛汗奏称："北方喀尔喀部落马哈撒嘛谛色臣汗遣使遣使赴朝问宽温仁圣汗安，并贡方物。马哈撒嘛谛色臣汗为首，与俄尔寨图喇嘛……等，同伟征朗苏、兀喇诺斯山津二人来朝，贡马八十四、网子甲胄一副、貂皮二十张、雕翎三根、佟莫克部落撒袋一副、弓二张、名为布拉噶济尔之红牛皮一张、鞍辔一副、俄罗斯国鸟枪一支、阿尔玛斯斧头一把、白黄鼠狼皮里袄一件、水獭皮端罩一件、猞狸狲皮九张、土伯特部落老精茶一块、元狐皮一张、细毛羊皮四十张。"①

此时，漠北喀尔喀并未归附于清，但清廷却把漠北蒙古的这种朝贡视为具有臣服之意的举动。

可见，在努尔哈赤和皇太极时期，遣使来贡就已经开始成为满族统治者控制蒙古诸部的手段之一。这是因为满族统治者逐渐意识到利用朝贡模式有助于对蒙古诸部的管理，一来可以减少军事摩擦与政治对峙，二来便于增进与蒙古诸部的密切关系，有助于实现对蒙古诸部的牢固控制。

---

① 中国第一历史档案馆：《清初内国史院满文档案译编》（上），北京：光明日报出版社，1986 版，第 363 页。

二、顺治时期的实施状况

1644 年，清军入关主政中原，清朝此时虽已具有"六师所加、有征无战"的强大军事实力与影响，但是面对中原内陆的尖锐矛盾、边疆蒙古的多变局势，顺治皇帝顺势而为地选择了"承先洪仁抚世，以天纵之姿奋有为之业，扫除寇乱。奠安生民"① 的统治方略，以太祖高皇帝努尔哈赤、太宗文皇帝皇太极对蒙古统治的励精图治为基础，继续深化实施对蒙古的怀柔策略，明确以朝贡体制驯化蒙古诸部遵从清廷统治的方向，并针对蒙古诸部的朝贡事宜，确立了作为大清民族法制体系中极为重要的内容——清代蒙古朝贡法律制度。

这一时期，蒙古朝贡法律制度在漠南蒙古以更为深入的方式加以推行，而随着清朝在漠北开始设立"朝贡札萨克"，喀尔喀蒙古也逐渐纳入蒙古朝贡法律制度的调控范围内。在漠西蒙古厄鲁特部的固实汗主动遣使与清示好的情况下，蒙古朝贡法律制度也得以在青海蒙古实施。

（一）漠南地区

顺治时期，蒙古对清廷的臣服程度进一步明确，这在蒙古诸部前来朝贡时所行的朝觐礼仪中得到具体体现。在顺治三年（1646）的元旦朝贺中有所记载：

> 顺治三年正月初一日。外藩二十七旗王、掌札萨克贝勒、台吉、大臣、头目等，乌尔衮进贡使臣，皆随赞礼郎赞礼，行三跪九叩礼。……外藩前来朝贺之王、札萨克贝勒等坐殿内诸王之末，引小台吉、头目等降三阶，按翼序坐。②

---

① 《清实录》第一册，《清世祖实录》序，北京：中华书局，1987 年影印本。
② 中国第一历史档案馆：《清初内国史院满文档案译编》（中），北京：光明日报出版社，1989 版，第 238—239 页。

从此时元旦朝觐时蒙古权贵所行礼节看，已由皇太极时期的"抱见礼""抱汗膝"行礼转变为"三跪九叩"之礼，而且在座次上，此时的蒙古诸部首领也如清朝内臣一样，依据清廷对蒙古诸部划定的以旗为单位"按翼序坐"。正是通过清廷对朝贡活动的具体安排以及蒙古诸部的遵守，体现并深化了蒙古对清朝的臣服。当然，此时以朝贡表示对清朝臣服的主要是指漠南蒙古诸部。为了稳固对漠南蒙古建立的统治秩序，强化漠南蒙古诸部对清廷的臣属意识，顺治皇帝把蒙古诸部自后金政权时期的朝贡惯例以法律制度的形式加以固定，这意味着清代蒙古朝贡法律制度的成文化发展。《大清会典事例》对顺治时期的蒙古朝贡法律制度规定做如下记载：

> 顺治五年定：蒙古王、贝勒、贝子、公、台吉、统筹等，准于年节来朝。
>
> 六年题准：蒙古朝觐之期，每年定于十二月十五日以后、二十五日以前到齐。
>
> 八年题准：各蒙古分为两班，循环来朝。
>
> 十五年题准：承袭王、贝勒、贝子、公爵未及十八岁者，免其年节来朝，至十八岁始令入班朝觐。[1]

（二）漠北地区

蒙古朝贡法律制度在漠北喀尔喀地区的实施，于顺治时期开始在深化。根据《清世祖实录》记载：

> 初定立，喀尔喀部落土谢图汗、车臣汗、丹津喇嘛、墨尔根诺颜、毕希勒

---

[1] （清）会典馆编，赵云田点校：《钦定大清会典事例·理藩院》，北京：中国藏学出版社，2006年版，第296页。

尔图汗、鲁卜藏诺颜、车臣济农、坤都伦陀音此八札萨克，每岁进贡白驼各一、白马各八，谓之九白年贡。我朝赏每札萨克银茶筒各一、重三十两、银盆各一、缎各三十、青布各七十以答之。①

这是顺治十二年（1655）对喀尔喀蒙古所订立来京朝贡活动中的"九白年贡"制度。也就是于这一年，清廷对喀尔喀蒙古左右两个翼各设四人为札萨克，即最初所谓的漠北蒙古"八大札萨克"。

顺治十四年（1657），北喀尔喀蒙古右翼向清廷屈服，前来进行所谓的"悔罪朝贡"。这一年，喀尔喀右派札萨克图汗子冰图台吉以及巴图鲁台吉、额尔克卓礼克图台吉、额尔克巴图鲁台吉等作为使臣来京，向清廷行朝贡的礼节。对此，《清实录》记载如下：

> 今尔等既遵谕旨，派冰图台吉、巴图鲁台吉、额尔克卓礼克图台吉、额尔克巴图鲁台吉等诚心认罪，进贡驼马来朝。朕不念旧恶，将驼马发回。其从前杀掠人口、劫夺牲畜之罪，悉行宽宥。今尔等可于朕所遣大臣前修好神誓。自誓之后，每年照定例进贡贸易，……如不修好神誓，无庸入贡，……②

这是喀尔喀右翼没有如期参加顺治十二年的会盟，而是在顺治十四年（1657）遣使来朝，并于1659年双方照左翼之例最终确定朝贡关系时，顺治对右翼喀尔喀所做的一番带有斥责性的宽容。当然，有学者认为："当时的喀尔喀对清朝仅仅是名义上的臣属关系，这与内蒙古不同，清廷在喀尔喀并没有设官行政，没有划分地域、调整属民，没有授予印敕，以血缘关系为基础的封建联合体仍然存在，贵族称号也是沿用旧的汗、济

---

① 《清世祖实录》卷九十五，顺治十二年十一月辛酉条。来源：中国第一历史档案馆。
② 《清世祖实录》卷一百零七，顺治十四年二月辛卯条。来源：中国第一历史档案馆。

农、诺颜等。"① 但事实上，这并不影响清廷运用针对蒙古的朝贡制度来加强对喀尔喀等部的控制力度，相反正是清廷奉行蒙古朝贡制度，蒙古诸部遵守该项制度对其设定的行为模式，从而加强了清廷与蒙古的政治关联度。不久，喀尔喀右翼四札萨克毕希勒尔图汗、罗卜藏诺颜、车臣济农、昆都仑托音等也相继与清廷盟誓修好，遣使进岁贡。清廷向喀尔喀蒙古也派遣使臣并且赉敕奖谕，以厚加恩赐表示对漠北蒙古朝贡的首肯。② 至此，顺治十二年确立受封的漠北蒙古八大札萨克正式成为"朝贡八札萨克"。

可见，清廷在喀尔喀设立的八札萨克与九白之贡具有政治上臣属的象征意义。所谓的八札萨克可以理解为是一种荣誉爵号，虽然《大清会典》《理藩院则例》中并没有提到有关八札萨克的设置，但是，在喀尔喀实际生活中，八札萨克的作用是不同的。其中，身为札萨克的三汗仍掌握着喀尔喀最高权力，而剩余五札萨克则协助三汗，共同治理喀尔喀蒙古诸部事务。因此，喀尔喀贵族作为清廷的"朝贡札萨克"，是以经济为基础，在政治上受清廷的保护。"朝贡八札萨克"的设置，使喀尔喀蒙古与清朝中央政府的政治联系更加密切。可以说，八札萨克是清廷在喀尔喀的代表，清廷通过八札萨克了解喀尔喀内政，从而为干预喀尔喀蒙古的内部政局迈出了重要的一步，为将喀尔喀蒙古纳入清朝的势力范围做好了政治铺垫，而这些正是通过在喀尔喀设立"朝贡札萨克"而直接达成的。

（三）漠西地区

漠西厄鲁特蒙古与清廷的朝贡关系于崇德七年已开始形成，到顺治时期发展相当平稳。1637 年，固始汗控制了整个青海地区，为了扩大声势且寻求外部支持，他向仍处于关外的清朝派出了使者，并携有文书及马匹、白狐皮、獭喜兽、绒毯等贡物。这是清朝

---

① 张永江：《试论 17—18 世纪蒙古各部成为清朝藩部的途径与方式》，《蒙古史研究》（第六辑），2000 年，第 203 页。

② 《清世祖实录》卷一百二十五，顺治十六年四月甲寅条。来源：中国第一历史档案馆。

与青海厄鲁特蒙古正式接触之始。崇德七年（1642），打败藏巴汗登上西藏最高王位的固始汗为巩固其在青藏高原的统治，再次派出使团前往盛京。1644 年，清朝入主中原。为了表示对清朝定鼎中原的祝贺与支持，顺治二年（1645）十二月，固始汗派其第六子多尔济达赖巴图尔至北京请安，贡马匹、氆氇。次年八月，固始汗和五世达赖派遣的班第达喇嘛、达尔汉喇嘛，随同清朝使者察罕格隆喇嘛等，一同抵达北京，"上表请安、献金佛、念珠、普鲁绒、甲胄、马匹等物"。对此，顺治帝也慷慨回赠以"甲胄、弓矢、撒袋、大刀、鞍辔、银器、缎匹、皮张等物，赏答之"。① 此后数年间，青海蒙古与清朝之间就形成了以朝贡模式达致彼此和睦相安的关系，贡使不绝、沿边安宁。青海蒙古来往于京的朝贡之举延至固始汗去世之时。对此，顺治帝在得知固始汗去世之时曾言，固始汗"归诚我国，克尽忠诚，常来贡献，深为可嘉，宜予祭典，以酬其忠"。② 固始汗去世之后，甘凉沿边就多发青海蒙古犯边之事，但尽管如此，青海蒙古的朝贡使臣依旧络绎不绝。

综上所述，从清朝入关前到顺治时期，清代蒙古朝贡法律制度基本处于起步阶段。在清入关前，该制度基本是以不成文的惯例出现在满蒙民族的社会生活与政治交往过程中，在清入关后，顺治时期的国家律法对该制度有所规定，但仍然是较为简单化的。总体而言，此时蒙古朝贡法律制度在漠南蒙古较为全面的得以实施与推行，因为该蒙古诸部已经归附于清朝，而在漠北、漠西蒙古地区的实施还处于极为不稳定的状态，实施状况多受满、蒙之间在实力上此消彼长的影响，清朝政权能够对漠北、漠西蒙古实行朝贡法律制度也多以武力威胁或是政治援助为后盾，而非是以臣服为必需条件。

---

① 《清世祖实录》卷二十七，顺治三年八月戊戌条。来源：http://www.wenxue100.com/book_LiShi/202_36.thtml

② 《清世祖实录》卷九十七，顺治十三年正月癸未条。来源：http://www.wenxue100.com/book_LiShi/202_106.thtml

　　对于该制度的实施，于蒙古诸部与清廷而言，是完全不同的。对于蒙古诸部而言，向满族政权朝贡，只是表示愿与之联盟或是友好、不敌对，更重要的是出于经济利益获得与满足，从而愿意接受朝贡安排与要求，但对于满族统治者而言，却认为这是蒙古诸部向自己开始臣服的重要开端。因此，非常重视与蒙古诸部的遣使往来，对于蒙古使团的物质回馈也是以奖赏为名。

　　从现实效果来看，此阶段的蒙古朝贡法律制度虽然处于起步阶段，但确实达到了清朝政权逐步加强对蒙古约束、限制甚至控制的实际效果。后金政权在与漠南蒙古遣使往来的过程中，后金给予该部首领丰厚回赠，取得了漠南蒙古对后金的信任，有效拉拢了漠南蒙古贵族并与之形成坚实而强大的军事结盟。漠北蒙古、漠西蒙古在对清廷朝贡时，也都抱有不同的目的。漠北蒙古由于漠南蒙古的归附使自身部落暴露于清廷的兵锋之下，为了寻求局势的缓和同时兼具庞大的经济利益需求，而主动要求对清廷朝贡。对于漠北蒙古，开始向清廷行"九白之贡"并接受"八大札萨克"爵号之时，都是在朝贡体制下完成的，虽然这不能标志着漠北蒙古对清廷的归附或者认为清廷已经统治了漠北蒙古，但却说明清廷在政治层面已经略高于漠北蒙古，在经济层面已经逐步约束着漠北蒙古。而漠西青海蒙古则是为了寻求外界政治支持而开始与清朝产生朝贡关系。清朝依托朝贡体制模式，在青海蒙古固始汗不断派使臣携贡品前来的情况下，书信申明对固始汗在西藏政权合法化的认同，而后青海使臣不断。这就在事实上使得清廷运用朝贡制度使青海蒙古逐步向清廷靠拢以至必须依靠清廷的认同与支持获得自身在青藏高原的正当地位。

　　当然，在这一阶段蒙古朝贡法律制度的实际调整对象、针对区域主要是在皇太极时期就正式归附清廷的漠南蒙古，相应较为成熟的法律内容也只是就漠南蒙古四十九旗的状况而创设。但是，无论其他蒙古诸部是出于政治目的或经济需要等不同原因，只要愿意对清廷朝贡，就说明清代蒙古朝贡法律制度此时已经开始显露其有力规制蒙古诸部调控功能。

第二节　康雍乾时期的常态化实施

康雍乾时期，是清朝政权的鼎盛时期，也是在这一时期，漠南蒙古对清廷的臣服更加牢靠，漠北喀尔喀蒙古、漠西厄鲁特—准噶尔蒙古也全部归附于清。清代蒙古朝贡法律制度在此阶段，无论是法律形式还是推行范围，都进入全盛发展的时期。该法律制度所调整的范围从集中于漠南蒙古区域拓展到漠北、漠西等蒙古全境。本节就清廷对漠北、漠西蒙古运用朝贡法律制度施以控制的实施状况做重点阐述。

清廷对漠北蒙古喀尔喀设立朝贡八札萨克之后，并未停止运用朝贡法律制度继续深入对漠北的控制。于是，根据漠北蒙古诸部的贵族对清廷的效忠程度不同，又在喀尔喀蒙古左右两翼内部不断增设"朝贡札萨克"，利用朝贡制度进一步控制漠北蒙古诸部贵族，为更有效地介入喀尔喀蒙古政局打下基础。康熙十六年七月，清朝开始在漠北蒙古地区推行"定其贡额，每岁汗及济农、诺颜、大台吉等各贡白马八匹、白驼一头，谓之九白之贡，年贡也。此外小台吉、塔布囊不计数，随所有而贡，常贡也"①　的朝贡实施方式。可见，此时清廷对于漠北喀尔喀，不仅要求其每年行"九白"之年贡，而且还实施了小台吉、塔布囊也可进行的"常贡"，而清廷当然会赏以银器、茶叶、缎布等蒙古贵族们急需的物品。这说明，一方面蒙古朝贡法律制度此时已经深入推行于漠北蒙古，漠北蒙古诸部中从汗到大台吉这些显贵们的"九白年贡"，与小台吉、塔布囊等"常贡"共同推动着清廷所立之蒙古朝贡法律制度在漠北蒙古贵族社会中的普遍化实施与适用；另一方面使得清廷通过蒙古朝贡法律制度在漠北蒙古贵族社会中的实施，不仅达到了有效钳制整个漠北蒙古贵族上层势力的目的，而且在一定程度上掌握了漠北蒙古社会的经济发展能力、充分了解了当地蒙古社会的势力分布状况。

---

①　（清）温达等/西藏社会科学院西藏学汉文文献编辑室：《亲征平定朔漠方略》卷一，北京：中国藏学出版社，1994年版，214页。

可见，喀尔喀蒙古贵族若要获得来京朝贡并得到赏赐、进行贸易，多要有清廷任命或认可的"札萨克"等贵族称号或身份，而清廷在喀尔喀设立札萨克也是有明确标准的。《清实录》中的一段记录即可说明：

多尔济扎卜等奏曰：近闻人言，罗卜藏台吉己为扎萨克图汗所执，与其说果真，则敕书赏物。将如之何？

上曰：尔等沿途细加采探，如果被执，尔等即归可也。

多尔济扎卜等又奏曰：罗卜藏没有子弟代袭，则敕书赏赍可与之乎？

上曰：不可与也。虽有子弟代袭，须喀尔喀通国保奏，授为札萨克，准纳九白之贡。如可加以恩赍。①

这是奉命至喀尔喀右翼额璘沁处的侍卫多尔济扎卜与康熙帝之间的一段对话。正是这段君臣之言，反映了清廷在喀尔喀设立札萨克的必备条件以及相应要求。

由此总结得出：清廷设立喀尔喀蒙古札萨克时，必须具备由喀尔喀"通国保奏"和"纳九白之贡"这两个最为基本与关键的条件。可见，蒙古朝贡制度不仅在经济利益方面对喀尔喀蒙古贵族具有强大的吸引力，而且还在蒙古社会内部产生了巨大的政治殊荣的价值与意义，即：若要获得"札萨克"之身份须获"通国保奏"，而获得清廷认同的资格与身份后才得行"九白之贡"以示对清廷的臣服，从而实现以札萨克身份享有蒙古朝贡法律制度规定中的相应特权待遇。

而清廷不断强调漠北喀尔喀蒙古的"九白之贡"的原因就在于，白色在蒙古族中具有纯洁、至高无上、无比崇敬之意，而且蒙古族人又多以"九"作为信奉的数字。所以，清朝统治者要求漠北喀尔喀蒙古纳"九白之贡"事实上也并非清廷的主观认识，这

---

① 《清圣祖实录》卷一百零三，康熙二十年七月乙卯条。来源：中国第一历史档案馆。

在漠北蒙古社会的文化中确实是一种表达尊崇、神圣之意的风俗，而运用到蒙古朝贡法律制度中时，就理所当然地被清廷皇帝视为"臣服"的表现。否则，清廷不会在是否行"九白之贡"的问题上如此介意。当然，按照清廷要求进贡，无论是不是"九白之贡"其实都表现了对清廷的示弱，况且是以设置清廷任命的具有地方性官员的札萨克政治身份为条件。这就表现出康熙时期，运用蒙古朝贡法律制度有力巩固与深化漠北喀尔喀蒙古臣服于清的意义所在。

实际上，在1686年的库伦伯勒齐尔会盟中，清廷在喀尔喀左右两翼新又增设四人为"朝贡札萨克"。到1688年，噶尔丹自杭爱山后突袭土谢图汗，使其腹背受敌之后，以土谢图汗部为首的漠北喀尔喀蒙古就联合哲布尊丹巴呼图克图对清廷"举旗内附"。由此，在喀尔喀蒙古由最初于顺治十二年设立"朝贡八札萨克"到康熙二十七年的噶尔丹入侵喀尔喀，直至喀尔喀蒙古"举旗内附"为止，清廷在喀尔喀蒙古左右两翼设有朝贡札萨克共计十八人。可见，通过在漠北喀尔喀设置"朝贡札萨克"，推行和适用蒙古朝贡法律制度，不仅加速了漠北蒙古对清廷的归附，而且使得清廷对蒙古的全面控制也日渐增强。乾隆朝内府抄本《理藩院则例》记载：

> 喀尔喀有三汗，……康熙二十八年，被噶尔丹所侵，款塞内附。三十年，
>
> 平定噶尔丹，大会于多伦诺尔，编审旗分，安辑其众。①

可见，在康熙三十年（1691）所举行的多伦诺尔会盟中，喀尔喀蒙古就正式归入清朝版图。典型标志就是，依据内蒙古四十九旗之例，在喀尔喀施行盟旗制度，设立札萨克旗，虽然清廷保留了土谢图汗、车臣汗两汗号，但札萨克权力逐渐上升，汗权则相对削弱，直至消亡。喀尔喀蒙古南迁前清廷所设十八个"朝贡札萨克"，喀尔喀

---

① 赵云田点校：乾隆朝内府抄本《理藩院则例》，北京：中国藏学出版社，2006年版，第96页。

蒙古贵族群体依托于朝贡札萨克这一殊荣身份，向清廷行"九白之贡"并得到丰厚的赏赐。如记载：

> 每年恭进九白之折（哲）卜尊丹巴胡图克图、图什业图汗、车臣汗等咨行工部，赏给三十两重银茶桶各一，银执盂各一。又令户部赏给绸缎十二种、二十八匹，梭布七十匹；赏进贡正使三种绸缎各一匹，梭布二十四匹；副使赏二种绸缎共二匹，梭布十二匹；随来跟役梭布各六匹。礼部赐宴一次。①

在盟旗制度下的首封札萨克，是清朝的一旗之长，这时的札萨克，实际上已成为清朝的札萨克，蒙古王公台吉虽然身份地位高低悬殊，但只要是一旗札萨克，均隶属于清朝皇帝，彼此之间则互不统属。这无疑是在喀尔喀本土削弱汗权，逐次分化汗权的开端。南迁前，汗是喀尔喀最高领主，对土地、牧地、人丁有绝对的所有权，② 但多伦会盟后，这个权力却归清朝皇帝所有。通过盟旗制度的施行，清廷在喀尔喀编旗设佐，由皇帝直接任命札萨克，而喀尔喀汗却无权干涉，甚至在盟长、副盟长、副将军等的监督并指挥下，权力大大削弱。可以说，此时的汗，在清廷的所谓"高官厚禄"的优待下，并无实际权力可言了。旗这一级机构是清朝上情下达、下情上报并代表满族统治阶级利益，管理蒙古地区的执行机构。因此，对于盟旗制度下的札萨克，有学者认为"他们既是喀尔喀贵族，又是清朝官吏"。③ 因此，札萨克旗有相当大的自治权限，除协理台吉（或协理塔布囊）奏请皇帝任命外，管旗章京、管旗副章京、参领、佐领、骁骑校、领催、什长均由札萨克在闲散台吉、塔布囊中选任，如没有适当的人选，可在官员中依次递补；有力的平民（箭丁），也可逐渐升到国旗章京。如有徇私，盟长查出，须奏请处

---

① 杨选第、金峰校注：光绪本《理藩院则例》，海拉尔：内蒙古文化出版社，1998年8月版，第56页。
② 杜荣坤等：《准噶尔史略》，北京：人民出版社，1985年版，第67—68页。
③ 袁森坡：《喀尔喀蒙古札萨克的设置与演变》，《清史研究通讯》，1988年第2期，第12页。

分。① 可见，康熙时期频频利用朝贡札萨克的设置，最终目的就是要取代汗在蒙古当地的政治实权。

正如康熙皇帝曾说："昔秦土石之工，修筑长城。我朝恩施于喀尔喀，使之防备朔方，较长城更为坚固。"② 这里所说的"施恩"，就包括用带有政治上特殊荣誉地位、经济丰厚赏赐的蒙古朝贡法律制度，而该法律制度在康雍乾时期也确实有效地实现了清朝统治者笼络蒙古上层，巩固边防的重要目的。

随着漠北蒙古的内附、清廷对漠西蒙古的征服，西北边疆之患得以平复，各部也相继编旗设领。因此，清廷更加认为"厄鲁特、喀尔喀俱系本朝职贡之国"，③ 遣使来京朝贡不再仅仅是蒙古诸部向清廷的示弱方式，更应该是作为朝臣子民对清廷应尽的职责与义务。于是，在《理藩院则例》《蒙古律例》等清朝统治边疆地区的法律相继制定时，蒙古朝贡法律制度被专门写入国家律法之中。此时，蒙古朝贡法律制度不仅在实施规模上超过了顺治时期，而且该制度在体例结构、内容设置上更趋于完善。

首先，遵守并履行蒙古朝贡法律制度的蒙古部落范围扩大、朝贡班次增多，从最初的漠南蒙古扩展到包括漠北、漠西的整个蒙古地区。对于漠南蒙古的朝贡班次，由顺治年间初设为两班调整为三班；漠北蒙古的朝贡班次，在康熙三十九年（1700）明确设定为四班；青海蒙古的朝贡班次，于雍正三年（1725）确立为四班，而在乾隆年间，随着对准噶尔的征服，又针对土尔扈特、和硕特、杜尔伯特等蒙古部落依次按照他们归顺清廷的先后实施朝贡制度。随着漠北、漠西蒙古的归附，清廷进一步明确要求其严格遵守蒙古朝贡法律制度的相应规定，履行相关职责，接受相应待遇。

---

① 袁森坡：《康雍乾经营与开发北疆》，北京：中国社会科学出版社，1991 版，第 284 页。

② 《清圣祖仁皇帝实录》卷一百五十一，康熙三十年（1691）五月壬辰条，北京：中华书局影印本，1985 年版。

③ 《清圣祖仁皇帝实录》卷一百三十一，康熙二十六年（1687）九月庚子条，北京：中华书局影印本，1985 年版。

康熙二十九年复准：喀尔喀等来使，皆行三跪九叩礼。土谢图汗之子，座次在贝勒下，车臣汗之弟在公下，余台吉在内大臣下。三十九年复准：年例来朝之喀尔喀汗、王、贝勒、贝子、公等行礼及恩赐，均按照内札萨克之例。

雍正元年奏准：准噶尔来使，元旦朝贺，于朝鲜国后第三班行礼。

乾隆二十年定：杜尔伯特等部落汗、王、贝勒、贝子、公、札萨克台吉，各按品秩，序于喀尔喀之次，其行礼恩赐，均按照内札萨克之例。①

由朝贡座次安排、行礼方式、恩赏标准，清晰地展现出各个蒙古部落与清廷亲疏远近关系的差异，以及相继归附于清的前后顺序，其实也明确地表达了清廷对这些蒙古部落不同的政治态度。

其次，在康雍乾时期，蒙古朝贡法律的执行与实施更为具体与细化。由于漠南、漠北、漠西蒙古都相继归附，贡品贡物的种类丰富多样，数量也都大大提高。如漠南蒙古各部进贡鹰、狗、羊、马匹、雕翎、贡缎、石青等物，而漠北蒙古各部的贡物多是滩羊、驼、马、藏香、氆氇、佩刀等，其中车臣、土谢图汗、哲布尊丹巴呼图克图则保持进贡"九白"。不仅如此，清廷为了保证顺利实施蒙古朝贡法律制度，还专门设定接待朝贡的固定住所。康熙二十六年（1687），来自科尔沁十旗的王以下、台吉以上的朝贡使团成员进京朝贡，入住于会同馆内，但随着入京朝贡使团的不断增加，清廷不仅于康熙三十三年（1694）专门设置东长安门外玉河桥侧的内馆和德胜门外正黄旗教场之北的外馆为来京朝贡的内、外札萨克的分别住所，而且特于此前排派理藩院、光禄寺、户、礼、工等相关部院的官员和笔帖式等前去前协调管理。可见，此时蒙古诸部来京朝贡的盛况之盛。

最后，随着清朝入主中原政权的稳固发展，尤其是在平定"三藩之乱"以后相继统

① （清）会典馆编，赵云田点校：《钦定大清会典事例·理藩院》，北京：中国藏学出版社，2006年版，第391—392页。

治了漠北、漠西等蒙古全境，国力得到极大增强，社会生产稳定有序，这就为蒙古朝贡法律制度的进一步实施不仅提供了坚实的政治基础，而且储备了雄厚的经济实力，从而使得蒙古朝贡法律制度在贯彻实施以及遵守方面获得了很大的物质基础与依靠。对于前来朝贡的蒙古王公的赏赐丰厚、慷慨，更加增强了蒙古诸部对清廷朝贡的热情，进一步发挥了蒙古朝贡法律制度巩固蒙古诸部内附臣属的控制功能。截至康熙五十五年（1716）时，由于赏赐蒙古朝贡王公的物品种类太多，数额庞大，于是清廷开始实行折价贡物赏赐银两的方式，按爵位高低从数百两至几十两不等。此外，为了显示清廷天下共主的地位以及雄厚强大的经济实力，最重要的是强化蒙古部族对清廷尊崇与仰慕的效果，这使得蒙古朝贡法律制度在实施中，极为强调筵宴的推行，实施中除了安排除夕、新年正月中和五旗王府的筵宴外，还增设了如紫光阁、山高水长殿、正大光明殿等仪式宏大、场面隆重的筵宴仪式。正如相关资料对清廷朝贡御宴盛况的描述："国家威德远被，大漠南北诸藩部无不尽隶版图。每年终，诸藩王贝勒更番入朝，以尽执瑞之礼。上于除夕日宴于保和殿，一二品武臣咸侍坐。新岁后三日宴于紫光阁，上元日宴于正大光明殿，一品文武大臣皆入座，典甚巨也"。①

康雍乾时期，清朝统治者依然秉承"以文治蒙"的策略，所以更为重视蒙古朝贡法律制度的立法完备与深入推行，为清廷实现统治蒙古的过程中提供了有力、有效的怀柔措施，为更好地强化蒙古诸部对清廷的臣服提供了必要的制度支撑，从而加强了清廷对蒙古众部的实际控制，强化了蒙古众部对清廷的内附与依赖。

综上所述，在康雍乾时期，清代蒙古朝贡法律制度进入成熟、完备的发展时期。不仅在立法形式上，予以官方法律文本诸如《蒙古律例》《理藩院则例》等加以明确规定与颁布，而且在法律规定的制度内容上已经达致从明确蒙古朝贡主体部落到朝贡活动中

---

① （清）昭梿：《啸亭续录》卷一。国学典籍网 http://ab.newdu.com/a/201610/05/1054.html

的具体细节安排，如贡物、仪制、贡道分布等，已经在蒙古诸部的贵族阶层中形成了重要的社会影响。

其中，最为显著的就是在漠北蒙古不断推行"朝贡札萨克"制度，这在极大程度上提升了蒙古朝贡法律制度在蒙古社会中的政治影响，即遵守并履行该法律制度对于蒙古诸部而言，特别是对漠北蒙古而言，不再是单纯的经济获取途径，已经具有明显以政治臣服为前提条件的特点。清代蒙古朝贡法律制度在这一阶段的实施状况，更多地体现了该法律制度在政治层面与经济层面对蒙古诸部施以双重控制的有效功能。

总体而言，清代蒙古朝贡法律制度在康雍乾时期的实施与推行完全达至常态化与稳定化的全盛时期。这不仅说明清代蒙古朝贡法律制度在这一历史时期得到全面而深化的发展，而且具体展现了清廷已经实现对蒙古全境的有力控制，实现了对漠南、漠北、漠西蒙古诸部的整体统一，进一步巩固了清朝统治的大一统政局。可以说，这一时期蒙古朝贡法律制度实施的常态化与稳定化状态，缘于清朝不断利用法律制度层面上的朝贡模式实现蒙古诸部全部归附于清廷的现实条件，从而促进了清代蒙古朝贡法律制度在调控满、蒙民族关系时所形成的良性互动机制。

第三节　嘉庆至清末时期

从嘉庆年间开始，清朝社会的政治统治开始出现松懈，经济发展有所迟滞，特别是在嘉庆、道光年间，吏治冗杂混乱，政制腐败严重，而施予百姓的赋税却日益加重，社会阶级矛盾激化，农民起义战争处于频繁态势。尤其是在鸦片战争之后，频繁的内乱外战，使得清王朝国力大伤元气，除了大打折扣的财政实力无以支撑蒙古朝贡法律制度继续严格、有效地执行之外，清廷的政治关注点也更多地转移到如何应对内部的农民起义与外部的西方列强的掠夺。清朝国势由盛而衰，对于边疆地区的统治和管理也日趋松弛。这种内忧外患的时局，在客观上使得曾经于清朝盛世之时在蒙古地区普遍推行与有效实施的蒙古朝贡法律制度，基本已是形同虚设，无法正常执行或被严重违反的情形日益增多。在这样的历史背景下，清代蒙古朝贡法律制度开始步入衰落乃至终止的境地。

一、嘉庆朝以后由守成走向衰落

嘉庆时期，清代蒙古朝贡法律制度在具体内容上基本保持了康雍乾时期的定制，不再有新的发展。虽然蒙古朝贡法律制度在嘉庆时期依然获得正常推进与实施，但是由于蒙古全境已于清朝统一政权的牢固管理之下，清朝政廷对于蒙古社会更多施与的是直接的主权性管理，而带有很强羁縻色彩的朝贡制度于此时的清廷而言，已经不再是控制蒙古的最为重要的手段，所以对于违反蒙古朝贡法律制度的行为也往往疏于管控。于是，蒙古王公贵族也逐渐不再把进京朝贡作为一种重要的政治荣誉，而多是随意对待。在此，以嘉庆十年陕甘总督奏报的一起冒名进贡、诈骗朝贡赏赐及廪给的案件为例。奏报内容摘录如下：

> 嘉庆十年七月二十二日。陕甘总督跪奏为：盘获内地民人交结外蒙古台吉假充梅楞、冒戴翎顶，骚扰驿地。审明定拟恭折奏。闻事窃查嘉峪关为新疆门户最宜严密稽查出入，以免匪徒冒混。旨每年伯克台吉等朝觐入都人数较少，奸徒尤易混迹叠经，饬地方文武会派兵役缜密稽查，本年四月初三日，据肃州直隶州知州季容禀报，奉派照料喀嘞沙尔台吉巴特玛自京旋回游牧见有一人头戴翎顶、语带汉音，当即盘诘，据称名马佐发，俟山西夏县人，现在台吉巴特玛处，假充蒙古梅楞等语，因查上年入京朝觐喀嘞沙尔台吉，口外来文内开携带梅楞一员，额勒木塔图并喇嘛依西格隆今巴特玛执持兵部源字六号勘合一道内填梅楞二员，口外原来多填梅楞一员，随将马佐发扣留，审出假冒缘由，并讯取台吉巴特玛供词通禀，臣恐有伪造凭札及另有不法情事，批令藩司蔡廷恒

臬司崇禄提犯到省，会讯定拟旋复叠次驳饬兹据该司等审明议拟详报前来，臣覆加查核缘，马佐发籍隶山西夏县，乾隆四十六年，前往伊犁古儿车三台地方开设杂货铺生，理学会蒙古言语，喀嘞沙尔霍硕特二等副台吉巴特玛常至马佐发铺内买，彼此熟识，嘉庆六年马佐发因生意平常收铺回籍，九年八月内家贫无事，仍欲赴伊犁谋生，行至甘肃安定县，闻得肃州嘉峪关盘查严紧，无原籍印票不能出口，即在安定县地方挑担卖油，适台吉巴特玛入京朝觐，行抵安定县住歇额勒木塔图依西格隆，因不见皮袄一件令车户查找，彼此言语不通互相喊嚷，巴特玛走出查问，值马佐发闻声趋视与巴特玛相会，询悉情由，用汉语向车户传述，即从车上将衣找获，巴特玛逐与马佐发叙谈，马佐发告以不能出口，恳求携带进京以便将来随同冒混出关另谋生计，巴特玛因与梅楞等均不通汉语又未带通事，即令马佐发充作通事，每月给工价银二两，沿途应需驿马饭食不能额外多支，随令马佐发自带马匹每日给予口食钱文，迨入觐事毕，巴特玛图省马力饭食，将马佐发捏作蒙古梅楞报明理藩院，获兵部勘合内填梅楞二号，沿途各驿俱依勘合将马佐发梅楞供支，马佐发以既经假充蒙古官员并无顶戴不能光荣，先在京中向不知百姓旧货摊上买获蓝翎一枝，水晶顶一座，自行戴上，仍与巴特玛一同出京，十年四月初三日行至肃州盘获，核与取到巴特玛供词吻合，委无伪造凭札及另有图谋不法情事。查例载交结外国互相买卖借贷诓骗财物者，发边远充军等语。此案马佐发冒戴翎顶系诈称蒙古官员不应与诈冒内地职官一律问拟，惟内地人民瞻敢恳求口外蒙古作为通事欲图冒混出关且该蒙古报请勘合滋扰驿站，皆因马佐发所致，实与结交外国诓骗无异，若不严加惩治，诚恐玩法匪徒无所惩儆，马佐发一犯合依交结外国互相买卖借贷诓骗财物发边远充军例，发边远充军到配折责安置，虽据称亲老丁单核其情罪较重，应不准其留养，巴特玛身为台吉理应谨慎行走，乃听信马佐发充为携带出关，又复捏称梅楞诈冒请填勘合，骚扰驿地，殊不安分，亦应请旨饬交伊犁将军照例查办，除供招谘部外臣谨恭折奏闻伏乞皇上睿鉴谨奏。①

据此事例可以看出，此时蒙古朝贡法律制度的权威性已经受到严重的破坏，不仅蒙古王公贵族等为了投机利益而公然违反，甚至一般的汉人百姓也敢借助蒙古朝贡法律制度的管理漏洞而行不法之举。当事发东窗之际，清廷也只是对汉人马佐发施以明确的刑罚处置，而对于蒙古台吉巴特玛的处置，"应请旨饬交伊犁将军照例查办"，即需要按照蒙古朝贡法律制度中有关违反朝贡规定的惩治措施，交由相关蒙古地方机构配合施以责罚，但后来却是不了了之。这说明，当时蒙古朝贡法律制度在实施过程中常被违反的情况已经非常严重，贯彻、落实的现实状况随意性很大，通过该法律制度有力规制蒙古贵族的效力已经大大消减。这反映出清代蒙古朝贡法律制度开始步入衰落阶段。

二、清末蒙古朝贡法律制度的终结

1840 年，鸦片战争爆发。清朝的国威因为一系列不平等条约的签订而基本丧失殆尽，不断的巨额战争赔款，导致清王朝的国库空虚，社会经济发展萧条。政治局势上的窘迫与财政运转捉襟见肘，使得清政府已无力继续保持"厚往薄来"的政策导向，对于执行蒙古朝贡法律制度所需的大量人力、物力，尤其是财力已经是难以支付，甚至还出现连蒙古王公的俸银都不能及时发放的情形。由此，在经济实力丧失、政治感召力弱化的历史背景下，实施往日规模宏大、费用繁多的蒙古朝贡法律制度已经不再具有现实条件。蒙古王公贵族借口不执行或不遵守朝贡法纪的情形时有发生，甚至有公然、蓄谋违反的行迹。

特别是在道光后期，户部库存银两尚有 500 余万两，而到咸丰三年（1853）六月十

---

① 《朱批奏折》记载之"奏为盘获内地人民交结口外蒙古台吉假充梅楞冒戴翎顶骚扰驿地审明定拟事"，嘉庆十年七月二十二日，中国第一历史档案馆，档案号：04-01-03-0041-010。

二日，户部结存正项待支银仅有 22.7 万余两。① 可见，对于这一阶段的清廷来说，能够维续蒙古朝贡法律制度已经很艰难，常常因为需要缓解朝廷自身的财政压力，而商议是否继续执行蒙古朝贡法律制度的相关规定。如下事例即是例证。

事例一：

　　道光三十年三月十二日。管理理藩院事务户部尚书臣赛尚阿等谨奏为：大行皇帝大事所有年班应行来京之蒙古王公、堪布、喇嘛、回子伯克、土司土舍等俱着遵照前降谕旨仍俟二十七月后再行按班来京钦此。臣等恭查嘉庆四年高宗纯皇帝大事二十五年、仁宗睿皇帝大事二十七月内，内札萨克蒙古王公每年差人呈进羊酒及各旗台吉呈进汤羊、外札萨克喀尔喀图什业图汗、车臣汗哲布尊丹巴呼图克图差人进九白、喀尔喀杜尔伯特土尔扈特等处王公差人呈进荷包等物、哈密吐鲁番王差人呈进回布等物，均仍于年终呈进在案。此次大行皇帝大事二十七月内所有各项差人来京进贡可否援照嘉庆四年、二十五年两次成案，仍令呈进之处。伏乞皇上训示遵行谨。奏请

　　（回复）旨谕：照例呈进②

事例二：

　　道光三十年十一月二十七日。礼部尚书臣惠丰等谨奏为请旨事：查每年岁底来京之外藩蒙古王公及朝鲜各国使臣例由臣部奏请，于除夕筵宴外颁给桌张

① 中国人民银行总行参事室金融史料组编：《中国近代货币史资料》（清政府统治时期 1840—1911）第一辑上册，北京：中华书局，1964 年版，第 176 页。

② 《朱批奏折》记载之"奏为大行皇帝大事二十七月内请照成案仍准内外扎萨克蒙古王公等年终差人进贡事"，道光三十年三月十二日，中国第一历史档案馆，档案号：04-01-14-0066-014。

羊只等物并元旦后在五旗王府筵宴蒙古王公各一次，历经遵办在案。今本年除夕及元旦后五旗王府各筵宴自应一併停止其朝鲜各国使臣系属外国，臣等拟请援照道光二十九年奏准成案，照例颁给桌张羊只等物，至外藩蒙古王公于除夕时应否给桌张羊只之处理和将应届成案缮写夹片具奏请旨恭候。令下臣部尊奉施行为此谨奏。

（回复）旨谕：着不必赏俟，明年除夕后年元旦仍停止筵宴，再着照例赏。①

这两个事例说明，在嘉庆时期就已经是时断时续地在执行蒙古朝贡法律制度的相关规定了，而到道光时期，是否朝贡已经不必然按照清代所立蒙古朝贡法律制度中的规定执行，多是根据国家此时的具体情势由皇帝随机决定。财政上的入不敷出，导致连年停止蒙古朝贡法律制度中相关措施的执行，如筵宴、赏赐等费用的窘绌，迫使清廷逐渐停止所有年班来京。

事例三：

咸丰三年十二月初四日。

礼部等衙门礼部尚书臣麟魁等谨奏为：会奏请旨事，窃查臣部例载轮班朝贺之蒙古王公等如奉旨停其来京朝贺，礼部会同内务府奏请停止筵宴其原在京之蒙古王公等应否颁给桌张食物一併奏请得旨，行知理藩院、光禄寺等语。咸丰三年九月内阁抄出奉上谕，本年内外札萨克蒙古王公台吉额驸年班均著（着）暂行停止一年，毋庸来京以示体恤，等因钦此钦遵在案。臣等查在外之蒙古王公等本年年班暂行停止来京，所有除夕并明年元旦后，一切筵宴自应停

---

① 《朱批奏折》记载之"奏为本年除夕应否颁给外藩蒙古王公桌张羊只请旨事"，道光三十年十一月二十七日，中国第一历史档案馆，档案号：04-01-14-0066-033。

止并毋用备桌张，惟在京之蒙古王公等及各国来使本年除夕应否照例颁给桌张

食物之处伏候训示遵行，谨会同内务府具奏请。

　　旨谕：著（着）照例须赏人均照议停止。①

　　可见，昔日清廷在蒙古朝贡中的盛世之势头，早已逝去，而此时因国力的衰敝，清

廷自身已难以承受执行蒙古朝贡法律制度的财力负担，故而"照议停止"。咸丰年间曾

多次谕令暂行蒙古朝贡法律制度的执行，咸丰三年曾谕有"本年内外札萨克年班，均著

（着）暂行停止一年"② 的旨意，咸丰四年与五年连续诏谕"本年应轮御前乾清门行走

年班，照常来京。而在外行走，内外札萨克王公、台吉、喇嘛等，停止一年"。③ 这种连

年停止蒙古朝贡法律制度执行的情况，一方面是来源于清廷国力的衰微而无法正常推行

该制度的实施，另一方面也说明蒙古地区的贵族阶层不再热衷于进京朝贡，此时蒙古朝

贡法律制度的推行与实施呈现落漠萧条的状况。这在咸丰年间礼部尚书瑞麟等奏旨时有

提及：

　　　　臣等查每年班内外札萨克蒙古王公、台吉等，全行来京，幕筵宴不下三百

余人。今本年年班应来京蒙古王、贝勒、台吉等，并住京之蒙古王公等止三十

余人。④

----

　　① 《朱批奏折》记载之"奏为本年年班暂停除夕请照例颁给在京蒙古王公等及各国来使桌张事"，咸丰三年十
二月初四日，中国第一历史档案馆，档案号：档案号：04-01-14-0067-140。

　　② （清）会典馆编，赵云田点校：《钦定大清会典事例·理藩院》，北京：中国藏学出版社，2006年版，第
307页。

　　③ 《清文宗实录》卷一百二十五，咸丰四年三月丁卯条、咸丰五年十一月己丑条。来源：中国第一历史档
案馆。

　　④ 《军机处录副奏折》记载之"奏为请旨本年年班来京蒙古王公贝勒等除夕并明年元旦后外藩筵宴应否照例
举行事"，咸丰七年十月十七日，中国第一历史档案馆，档案号：03-1581-079-109-0225。

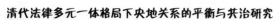

可见，蒙古朝贡法律制度正在失去对蒙古王公贵胄的吸引力，从而该制度对蒙古社会的控制力也就日渐衰微。这加剧了蒙古朝贡法律制度进一步松懈与涣散。

到清朝末年光绪年间，即便执行蒙古朝贡法律制度的相关规定，也是对朝贡人员的人数规模作以严格的限定。如：

> 光绪十九年正月二十日。内阁奉上谕，明年恭逢慈禧端佑康颐昭豫庄诚寿，恭钦献皇太后六旬万寿，所有应行来京祝嘏之蒙古王公台吉等，其闻有年班者，著（着）该班之王公台吉等来京，不该班之王公台吉等，均著（着）不必来京，内札萨克乾清门行走之王公台吉等，有年班者著（着）来京，御前行走有情愿来京者，著（着）来京叩贺。钦此。①

事实上，在光绪年间，具体管理蒙古朝贡事宜的机构及其执掌官员，往往因为贪腐而违规管理或怠于推行该项法律制度的实施，这类在管理层面上的执行不力也致使蒙古王公常常假借病由或其他虚假托辞从而躲避或推脱履行朝贡义务。如《清实录》中所记载：

> 年班蒙古王公来京甚少，其中是否实因患病，抑或托故，或系不肖官吏勒索，以致畏阻不敢来京。②

可见，清朝末年的蒙古朝贡法律制度得不到贯彻落实与有效施行，除了清朝国力减弱、财政空虚之外，政制腐败、吏治混乱也是很重要的原因。如此方方面面的综合原

---

① 《朱批奏折》记载之 "为明年慈禧皇太后六旬万寿应来京祝嘏蒙古王公台吉等其闲有年班者著来京等事谕旨"，光绪十九年，中国第一历史档案馆，档案号：04-01-14-0085-076。

② 《清德宗实录》卷四百三十八，光绪二十五年正月丁卯条。来源：中国第一历史档案馆。

因，最终迫使清朝做出了正式颁布停止执行蒙古朝贡法律制度的律令：

　　或捐输驼马银米，或路途遥远，若按年来京，不免劳苦。以后，年班，除御前行走之内札萨克王、贝勒等照常来京外，其余内外札萨克汗、王、贝勒、贝子、公、台吉、额驸有情，均著（着）停止来京，以示轸念蒙古世仆之旨意。①

　　由此，清代蒙古朝贡法律制度基本退出了清朝统治者的政治视野，退出了清廷中央予以统治蒙古地区的制度体系框架，清代蒙古朝贡法律制度此后不再是清朝政权统治中的重要手段。尤其是曾经作为清政府的重要统治支柱的蒙古诸部，在面对国外势力入侵、国内农民起义风起云涌的严重形势下，已经丧失其作为清廷所能依靠的核心军事力量的地位时，清廷对于蒙古朝贡法律制度的实施更是毫无保留的必要。因此，清代蒙古朝贡法律制度在嘉庆初年还能得到清帝遵循祖制的守成化发展，但在鸦片战争爆发后的清朝社会中，该法律制度就日渐衰落，直至清朝末年归于无效而终。

　　综上所述，从嘉庆至清末时期的蒙古朝贡法律制度，一直处于发展下滑的势态。嘉庆时期，该法律制度在内容上保持守成态势，但是在实际实施过程中已经初现效力弱化的端倪，而在清朝末年，该法律制度针对蒙古贵族朝贡事宜的管理效果更是一落千丈。这种状态的出现既是当时清朝国内局势的混乱与国外威胁的加剧所导致，也是清廷对蒙古朝贡法律制度在主观上的重视程度有所减弱而致。因为，随着蒙古诸部对清廷巩固统一政权的利用价值不再如清朝前期那般紧要关键，尤其是清廷已经统治了蒙古全境，这

---

　　①　光绪朝《大清会典事例》卷九百八十四，《理藩院·朝觐》。

时清廷中央对蒙古边疆地区只是在实行直接的主权管理，所以清廷对于维护蒙古朝贡关系的各项成本付出就明显减少，加之清廷自身又陷入新的统治危机之中，更是无暇顾及蒙古朝贡法律制度的推行与实施，由此也极大地消解了蒙古王公进京朝贡的热情。总体而言，嘉庆至清末时期是蒙古朝贡法律制度实施最为混乱且萧条的历史时期，清代蒙古朝贡法律制度是在该历史阶段发生了由盛转衰的变化，最后没落而终。

第六章
清代蒙古朝贡法律制度评析

　　对一项法律制度的评析不仅需要以该制度自身的形成与发展、创制与实施等具体过程与内容为对象，还需要借助历史唯物主义、辩证唯物主义的思维方式，从社会发展的整体背景与趋势中去认识和理解，唯有如此，才有可能获得较为客观、公正的评价结论。对清代蒙古朝贡法律制度的评析也是如此。尽管，清代蒙古朝贡法律制度是中国古代封建统治的历史产物，是在承袭中国历代封建王朝的朝贡制度传统与模式的基础上建立的，但同时，该法律制度也是清代社会中满蒙民族之间特殊化关系的产物。相较历代封建王朝中的朝贡制度而言，清代蒙古朝贡法律制度更为注重结合自身所处的特定历史条件，尤其倚重满蒙民族关系在不同历史阶段的变化而灵活转换与应变，不仅最终成为中央政权对蒙古地区实现有效控制与管理的关键性制度之一，而且安定了西北边防，密切了西北边疆与中原内陆的联系，强化了多民族一体化的国家统一。

　　因此，在对清代蒙古朝贡法律制度进行评价与分析时，我们既要看到该项法律制度是随着不断变化的历史现实而不断发展，并从中获得了符合社会发展规律的适应性，为清廷中央政权在规训和治理蒙古事务时发挥了极为关键的正面作用，由此该法律制度就具有了积极的历史意义。同时无法回避的是，该项法律制度毕竟是为清朝这一封建政权而服务的社会控制手段，从其创制到实施的整个运行过程中都带有明显的阶级压迫与剥削这些消极性影响的历史烙印，其所具有的历史局限性在风云变化的清末社会中必然产生负面作用。以史为鉴，清代蒙古朝贡法律制度在清代社会中所具有的正面意义与负面影响，无疑在当代中国面对民族关系问题和构建现代文明的民族法律制度体系时，具有深远的历史性启示。

第一节　蒙古朝贡法律制度的正面效应及原因

清代蒙古朝贡法律制度之所以能够在清廷中央统一蒙古的过程中，发挥了对蒙古社会卓有成效的实际控制功能，这不只在于该项法律制度是以强大的清廷中央政权为后盾，以清朝皇帝励精图治的主观政治愿望为转移，关键还是在于该项法律制度具备了渗透于当时社会中变动不居的民族关系与政治环境的特质。"社会不是以法律为基础……相反地，法律应该以社会为基础。"① 这意在说明，对于任何社会而言，具有正面意义或积极作用的法律应该甚至是必须具备符合社会发展要求的特性，即法律的社会适应性。虽然从理论上讲，任何一种法律制度都有可能成为社会控制手段，但实际上，只有能够遵循社会发展规律、洞悉社会内在关联、适时调整规范手段与措施的法律制度，才能具备实际且有效的社会控制功能。而这恰恰正是清代蒙古朝贡法律制度之所以在清代社会中具有正面意义，产生对社会发展的积极效应的原因所在。

一、蒙古朝贡法律制度的正面效应

基于清代社会特有的历史环境而言，清代蒙古朝贡法律制度的不断发展与演进，是来源于对当时满蒙民族关系与政治互动的微妙变化做出适时反馈与回应的结果。由此，清代蒙古朝贡法律制度不仅满足了清朝统治者期冀全面控制蒙古地区、安定西北边疆、

---

① 《马克思恩格斯全集》（第六卷），北京：人民出版社，1961 年 8 月版，第 291—292 页。

维护"大一统"政治格局的主观愿望,而且在客观上大力推动了多民族一体化国家的成熟发展,有效地密切了边疆地区与中原内地的联系,不仅促进了蒙古与满、汉民族在多个方面的交流与融合,还在很大程度上带动了蒙古地区社会经济的发展与进步。所以说,清代蒙古朝贡法律制度在清代社会发展中具有正面效应。

第一,在稳定社会政局与保障边疆安全方面,清代蒙古朝贡法律制度强化了对蒙古的主权管理,巩固了国家的统一,维护了国防边境的安宁。

蒙古朝贡法律制度以"文治"之举,不仅增强了清廷中央作为主权者对蒙古诸部作为地方辖区的高度化统一管理,而且通过蒙古诸部定期前来朝贡反复强化了蒙古诸部作为朝臣子民的政治地位与社会角色,极为有效地排解了蒙古诸部的势力集团盘踞边疆要塞存在的西北隐患。对此,康熙帝就有感而发:"边疆提镇,久据兵权,殊非美事。兵权久握,心意骄纵,故每致生乱。常来朝见则心知敬畏。如吴三桂、耿精忠、尚之信辈,亦以不令来朝,心生骄妄,以致反叛。此等事关系甚大。况边陲将士,唯知其统辖之王,不习国家法度。"① 可见,在清朝统治者眼中,蒙古朝贡法律制度对于加强西北边疆与中原内陆的紧密联系、实现并维护"大一统"的政治格局而言是极为关键的。而事实也正是如此,在蒙古朝贡法律制度发展最为完备,实施最为全面有效的康雍乾时期,也正是清朝社会处于"康乾盛世"之际。所以说,清代蒙古朝贡法律制度的创立与推行,在客观上为内陆地区发展安宁、人民生活安定所需的外围社会环境提供了保证。正所谓:"昔秦兴土石之功,修筑长城,我朝施恩于喀尔喀(代指蒙古诸部),使之防备朔方,较长城更为坚固。"②

第二,清代蒙古朝贡法律制度有利于当时社会的整体经济与多元文化的交流与发展。

蒙古朝贡法律制度不仅推动了满、蒙、汉等多种民族文化相互吸引、彼此沟通的活

---

① 《清圣祖实录》卷一百零九,康熙二十二年四月乙亥条。来源:中国第一历史档案馆。
② 《清圣祖实录》卷一百五十一,康熙三十年五月壬辰条。来源:中国第一历史档案馆。

跃程度，而且互通了西北塞外的牧业经济与中原内陆的农业经济之间存在的交流需求与发展往来。蒙古贵族来京朝贡，途经中原内陆各省以及在京城之内，可以遵照蒙古朝贡法律制度的规定，于特定时间与地点进行贸易买卖与产品交换。这样，蒙古民族的社会文化包括语言、服饰、风俗习惯和蒙古社会的牧业产品就获得了在中原地区传播与流通的可能。尽管清朝曾一度实施过蒙、汉隔离的政策，但是由于清廷对蒙古朝贡法律制度在制定与推行的程度上处于不断深化与拓展的状态，这就在客观上反而促进了满、蒙、汉等多个民族在文化与经济上的交流与沟通，并且，在很大程度上丰富了清代社会物质资料来源的多渠道性、社会文化组成的多元性，极大地提高了蒙古地区社会生产与生活的物质需求程度，拓宽了蒙古社会民众在精神文化层面的视野，这虽然于根本上改变蒙古地区单一化经济发展模式的收效有限，但确实在整体上带动了蒙古社会经济的发展与文化的进步。

第三，在协调民族关系方面，清代蒙古朝贡法律制度发挥了对蒙古社会背景和民族传统予以认同与尊重的积极作用。

在清代蒙古朝贡法律制度中，既有对违反朝贡制度的行为施以严惩措施以儆效尤的内容，也有对遵守与执行朝贡制度甚至是只要不与该法律制度的根本精神相违背的行为，就予以厚德、施以重赏的奖励。而多数惩治措施也都以蒙古当地社会的风俗、习惯为参照依据，所谓的奖励也多是极大满足蒙古贵族的需要或者能够促进蒙古社会的发展为标准。那么，对于这种奖惩有度的法律规定，可以说承袭了汉法文化中"德主刑辅"的传统，但这更是该法律制度聚合了对蒙古社会实际情况、民风民俗的充分认知与全面了解的结果。清朝统治者把蒙古的民风习俗、社会需要纳入创设蒙古朝贡法律制度的框架内容中，目的当然是为保障该法律制度能够实际推行与有效运转而寻求现实根基，但同时却在客观上达到了对蒙古民族的习俗文化、民风社情的尊重与认同的积极影响。而蒙古王公贵族是统领蒙古社会的上层人物，不仅掌握着本民族的社会情况，而且在当地民族社会中有很强的政治感召力，他们在政治、经济上的价值取向与亲疏向背，往往影响整个边疆地区的安定与团结。因此，该法律制度如此宽容对待蒙古王公贵族，必会使清廷中央政权的核心影响力在蒙古社会中得到巨大的提升，有力地凝聚了蒙古诸部对清廷中央政权的向心力。可见，清代蒙古朝贡法律制度既是清朝处理民族关系问题时所秉持的"立制分条，期于宽简，不易其俗，而归于仁厚"① 政策的一以贯之，又是充分尊重与认同蒙古民族习惯、文化等民族间差异性社会因素的重要体现，从而达致所谓"国家控驭藩服，仁至义尽，爰按蒙古土俗酌定律例，以靖边徼"② 的调控效果。从这一层面来说，清代蒙古朝贡法律制度能够以因地制宜的方式处理蒙古朝贡事务，对于民族间关系的协调与解决是具有正面意义与积极效应的。

总之，清代蒙古朝贡法律制度具有促进满、蒙、汉等民族关系的和谐发展，促进社会在整体政治、经济、文化等多个方面的协调进步，该制度的立法思想与法制内容必然触及清代法制的总体文化内涵，尤其是对清代民族法制建构的充实，使得清代法制发展呈现出丰富、多元的民族文化色彩，提升清代民族法律制度文化的进步与文明。从正面意义而言，清代蒙古朝贡法律制度成为在特定历史阶段下整合并协调多民族一体化社会发展的重要桥梁。

二、蒙古朝贡法律制度具有正面效应的原因

清代蒙古朝贡法律制度在清朝社会发展中所具有的正面效应，主要是以促进当时社会进步、推动满蒙民族关系在多个方面的发展为表现的。这些正面效应的产生是由诸多因素所促成，但从根本上来讲，是由于该蒙古朝贡法律制度具有明显的社会适应性，能够满足不同社会主体在不同历史阶段时期的发展需求，从而实现该法律制度的持续性、稳定性的调控效应，而当该制度不具备社会适应性时，则被历史淘汰甚至成为历史记续前行的羁绊。因此，本书在这里就围绕清代蒙古朝贡法律制度的社会适应性做一分析与

---

① 《大清会典》（雍正朝）卷二百二十二，载于沈云龙主编，《近代中国史料丛刊》第三编，787 册，台湾：文海出版社，总第 14431 页。

② 《乾隆会典》卷八十，上海书局石印本，光绪二十五年（1899）。

说明，通过分析蒙古朝贡法律制度在其发展过程与具体内容中的社会适应性，说明清代蒙古朝贡法律制度的正面效应来源于其自身的社会适应性根源。

（一）蒙古朝贡法律制度的发展适应清时满蒙民族关系的变化

在宏观视野中，清代蒙古朝贡法律制度的发展过程就是对满蒙民族在清代所形成的特殊而微妙的社会关系的描述。基于此，清代蒙古朝贡法律制度就具有根据满蒙民族关系与清朝政局的社会变化，在自身制度框架内做伸缩有度的调整，从而具备充分的社会适应性，由此达到有效应对局势变化的正面意义。

清代蒙古朝贡法律制度作为清朝统治者控制蒙古地区的重要制度之一，不仅能够对当时蒙古诸部内部变动不居的情况做出准确把握，而且对满蒙政治格局、军事实力的具体情况做出及时调适。在后金建立到清朝入关这一时期，由于满族统治集团的政治实力、军事力量还有待厚积薄发，虽然日渐没落的明王朝沦于偏安一隅，但仍把持着中原要塞，并频频借助蒙古之势不断干扰满族政权的稳定发展，而蒙古部族也在承受着内、外征伐不断的社会状况。由此，满族统治集团迅速意识到向蒙古诸部示好并与之结盟的重要战略意义，这不仅可以达致抵制明朝的干扰，防范蒙古的侵袭进而为入主中原的目的，而且对于自身积蓄政治实力、扩充军事力量而言也是至关重要。在如此的社会情势中，历代封建王朝所运用朝贡体制处理与周边民族关系的制度模式无疑为满族统治者提供了一个很好的借鉴。

从皇太极到顺治年间，虽然漠南蒙古已经归附于清廷，清朝对蒙古实施朝贡制度方略也是最早从漠南蒙古王公、台吉开始的，清朝帝王从对漠南蒙古实施朝贡管理的实践中确实看到了朝贡体制能够带来"文治"蒙古的控制效应，但是由于此时蒙古诸部与满族政权在实力对比上依然保持势均力敌的态势，故而，在此阶段的清朝统治者更为注重朝贡体制层面下的经济互动关系，对蒙古诸部不断施以经济利益上的优待。尤其对与满族统治集团友好往来甚至是结盟的蒙古诸部加以丰厚回馈，不仅对于蒙古使者送来的礼物少以收纳，而且还另外回赠大量对于蒙古地区而言稀缺的财物。此时，经济利益无论对于清廷还是蒙古都极为重要。于清廷而言，这是有力牵制蒙古的重要手段，于蒙古而言，这是巨大的物质诱惑，可以补给因连年与明争战而造成的经济内耗。虽然明朝也曾以贡市的方式开放过与蒙古贸易的窗口，但终因双方在政治上、民族关系上的尖锐对峙而时断时续，而一向在文化和血缘上与蒙古民族相近的满族统治者，挥起朝贡体制下的经济交往这一橄榄枝时，势必对蒙古部族更具诱惑力。当然，在这一阶段中的蒙古朝贡法律制度远未发展为成文典制，这是为适应满蒙民族双方各自的利益需求不同，于是在形式上多以不成文的惯例为主，在内容上表现出更多倾向于该制度层面下的经济交往与物质利益有关的活动，而接受该不成文制度约束的蒙古部族也主要是以臣服于清且大力相助清廷夺取全国政权的漠南蒙古为主。清代蒙古朝贡法律制度仍处于蓄势待发的酝酿期。

到清朝入关以后，随着统一政权的需要，满蒙民族关系发生新的变化。此时的漠南蒙古由入关前作为清廷忠实的盟友变为清朝统治下的臣属，而漠北、漠西蒙古的内乱不仅有损于西北边疆的安定与发展，而且牵涉到清朝与沙俄的边境争议问题，必然波及清朝统治的稳定，因此有效遏制甚至是全面控制漠北、漠西蒙古就成为清朝入关后针对蒙古的重要事宜。而清代蒙古朝贡法律制度也随着满蒙民族关系的进一步密集碰撞而不断得以拓展，及时调整着自身制度的策略方针以适应新的社会发展需求。

一方面，在顺治年间，由以成文形式明确规定漠南蒙古四十九旗前来朝贡的制度，在朝贡范围上逐渐扩大为由漠南、漠北、漠西等蒙古众部都须前来朝贡。这是该制度根据蒙古臣服于清廷的步伐变化与阶段发展而适时做出的及时调整。但更为重要的是，在康雍乾时期，蒙古朝贡法律制度着力强化蒙古朝贡的政治臣属意义，对于欲前来朝贡的蒙古王公贵族设定了明确而严格的资格等级制度，且其资格身份必须是接受清廷认可或封爵的，"不准自称盟长"。[①] 也就是说，蒙古贵族的朝贡与清廷对蒙古的封爵制度紧密结合，爵位品秩决定了蒙古王公是否享有入京朝觐天子的政治殊荣，决定了前来朝贡究

---

① 《清世宗实录》卷二十，雍正二年五月戊辰条。来源：中国第一历史档案馆。

竟可以获得何种优厚待遇。对于蒙古王公而言，只有在政治身份上接受清廷的封官加爵，作为清朝的臣子，才能享有朝贡资格，而这也是维护和提高自身政治地位的重要依据。可见，此时的蒙古朝贡法律制度是以蒙古诸部的贵族在政治上臣服于清廷为前提条件，无论蒙古诸部在主观意愿上是否真的对清廷俯首称臣，但在客观上这无疑强化了清廷运用朝贡模式对蒙古潜移默化的规训力。但是，此时的蒙古朝贡法律制度已与清入关前大不相同，该法律制度的直接目的就是要宣告：清廷乃为天下之共主所在，清朝皇帝与蒙古贵族的君臣关系得以明确。因此，以往侧重以经济利益换取蒙古归顺的政策导向，此时不再是重点。蒙古朝贡法律制度及时适应满蒙民族关系的变化，转移自身制度的发展重点，为如何进一步规范清廷与蒙古之间处于中央与地方的政治隶属关系而服务。清代蒙古朝贡法律制度的直接目的正随着对满蒙关系变化的社会适应而日渐清晰。正如《清实录》中的记载说明：

> 西海各家，莫不受天朝之高爵厚禄，即古之荒服也。乃朝贡未有一定，皆听其便，此非尊奉圣主之义。……请安进贡青海诸王贝勒，应分作三班，三年一次，九年一周，周而复始，使之所以尊朝廷。①

由此可见，清代蒙古朝贡法律制度的策略调整是为了适应清朝对蒙古诸部控制力度日益强劲的需要，在新的历史阶段下，满蒙民族关系的发展由满蒙统治阶层的势均力敌转变为满族统治阶层有力控制甚至是直接统治蒙古中部，此时的蒙古朝贡法律制度即把蒙古朝贡设定为定期履行的臣属义务。正如相关记载所述：

> 将喀尔喀等，照青海例，编旗分为佐领，添设扎萨克等。喀尔喀台吉等无

---

① 《清世宗实录》卷二十，雍正二年五月戊辰条。来源：中国第一历史档案馆。

不感恩报效。……朝见进贡，定有限期。①

　　因此，在清朝入关之后直至康雍乾时期，清代蒙古朝贡法律制度得到了全面化的成熟发展，最重要的原因就在于该法律制度对历史局势的发展与变化具有敏锐的反应，及时配合对蒙古管理政策导向的新变化，积极应对并调整该制度的规制对象、控制手段等，从而保证了蒙古朝贡法律制度具备灵活的社会适应性。不仅大大加强了蒙古地区对清廷中央统治的向心力，而且实现了清廷中央对蒙古长效、持续的控制功能。

　　自康雍乾以后的时期，清代蒙古朝贡法律制度虽然依旧发挥着规制与约束蒙古王公贵戚对清廷中央政权的政治臣属功能，但由于漠北、漠西蒙古在康熙、乾隆时期相继全部归附于清，使清廷能够在整个蒙古地区设立各种军政统治制度，实现了对蒙古地区的全面统一。在这样的政治关系下，清廷需要强化的是对蒙古地区直接而深入的主权化管理，而不再是满足于蒙古对清廷在象征意义上的政治臣服。从这一层面上而言，清代蒙古朝贡法律制度的历史使命其实已经基本完成，强调以朝贡体制控制蒙古的社会必要性已不再突出。不仅如此，在清朝后期，由于清朝社会内在的衰败与外在西方列强的侵扰，清代蒙古朝贡法律制度丧失了它所能适应的社会条件而归于终止，但这从反面印证了清代蒙古朝贡法律制度只有寻求到适应自身存在与发展的社会环境，才能够发挥其有效的社会控制功能，否则，即便依靠国家权力强制推行，也只能沦到形同虚设并有损国家法律权威的尴尬境地。

　　可见，清代蒙古朝贡法律制度由于能灵活有度地适应多变而微妙的满蒙民族关系，结合清廷对蒙政策在不同时期的导向变化，从而达到对蒙古的有效控制，增强蒙古社会对清廷中央的向心力，从而促进了满、蒙、汉之间的密切联系，为西部蒙古边疆与中原内陆形成互动提供了必要的制度的支撑。

---

　　①　《清世宗实录》卷二十，雍正二年五月戊辰条。来源：中国第一历史档案馆。

（二）蒙古朝贡法律制度的内容适应清廷统治需要与蒙古社会的实际

除了从分析蒙古朝贡法律制度适应清代满蒙关系变化这一宏观层面说明该法律制度具有正面效应之外，还应从具体制度的内容规定以及运行操作的机制等微观层面上，去剖析该法律制度具备正面效应的原因。

首先，在清代蒙古朝贡法律制度的具体内容规定中，明确地设置了有关蒙古朝贡事务的管理模式是以"中央机构为主、地方多级协调"的配套机制。

所谓中央机构为主，就是以直接代表清廷皇权意志的理藩院、内务府、礼部等中央机构为管理蒙古朝贡事务的权力主体，其中又以理藩院为"掌外藩蒙古之政令"的权力核心部门，而内务府、礼部等机构则配合理藩院管理涉及蒙古的大小事宜，尤以蒙古朝贡事务为重。所谓地方多级协调，一则是指已经臣服于清廷或接受清廷中央加封爵位、授以官职的内外札萨克及盟长等蒙古地方的权力主体，需要按照清廷所立的朝贡法律制度的相关规定，具体督促与安排自身所管辖地区范围内拥有朝贡资格的蒙古贵族按期履行朝贡义务，二则是指蒙古诸部来京朝贡需要途经的各省督抚衙门，这些地方权力部门既协调支应蒙古朝贡使团的途径所需并对其行监督之责，又是中央权力机构及时获取蒙古朝贡事宜发展进度的信息渠道。如：

康熙三十三年复准：蒙古王等随来兵丁络绎不绝，于各旗台吉、参领、骁骑校内，选一人为头领监管，倘有抢掠盗窃，一并议处，并行文各札萨克。凡无贡物空身来者，听其给发印文。

康熙五十六年复准：蒙古台吉等进贡人入口时，令守边口官查明贡物，即用印文，交步兵赍送，不得迟延勒索。如违，交院部严究认罪。①

---

① （清）会典馆编，赵云田点校：《钦定大清会典事例·理藩院》，北京：中国藏学出版社，2006年版，第393页。

从该朝贡法律制度的具体内容看，各旗的台吉、参领、骁骑校内需要负责监管并防范抢掠盗窃，各札萨克也需对此尽到管理之责，而贡道沿途的守边官兵也须尽职守责，否则最终交于院部即理藩院及礼部、刑部等相关中央权力机构惩处。这就明确了中央与地方相关权力主体针对蒙古朝贡事宜的协调管理机制，蒙古朝贡法律制度在立法中设置如此配套管理机制，一方面从清朝的角度来说，由于满族统治者经过多年的励精图治拥有了定鼎中原的政权实力，而漠南、漠北、漠西蒙古又都相继归附于清。在这样的社会条件下，清廷不仅有必要健全自身的中央集权机构以此加强对蒙古的控制，从而巩固统一政权的完整性与稳定性，而且有能力要求蒙古地方势力集团配合中央管理，另一方面从蒙古诸部的角度来说，在经历了与明朝长期的拉锯战之后，又身陷与清朝满族统治者既合作又对立的政治互动之中，无论蒙古贵族阶层还是整个蒙古社会都已经贫倦不堪，而向清廷朝贡不失为一种名利双收的重要途径，不仅可以获得加封授爵从而维持自身既有的政治地位甚或更多的政治庇护，最重要的是，还可以满足自身贵族阶层甚至是蒙古社会发展所需的经济需求，这既是边疆蒙古的单一化畜牧业经济对中原农业和手工业综合经济始终具有依赖性的现实条件所决定的，也是蒙古贵族能够接受清廷朝贡法律制度并成为执行该制度的地方协助机构的重要原因之一。

可见，清代蒙古朝贡法律制度中所规定的以"中央为中心、辐射地方多级"的配套管理机制，正是回应清朝有效控制蒙古的政治需要，而这一规定不止是以强大、完备的中央权力体系为后盾，还在于它根植于西北边疆各蒙古诸部对清廷臣服与尊顺的社会现实。而这种以"中央为中心、辐射地方多级"的配套管理机制，促进了该法律制度在蒙古社会的深入推广与有力执行，由此强化的不仅是清廷对蒙古诸部更为深入的控制，还有蒙古诸部对清廷中央无法脱离的内附。

其次，从蒙古朝贡法律制度的基本内容上看，该法律制度明确规定了有关蒙古朝贡王公贵族的身份等级和仪制、贡期与班次、贡物数量与种类、贡道的划分以及对遵守或违背该法律制度时所得的奖励与必须的惩罚等制度内容。这些制度内容的订立与设置，就表面意义上而言是为了保证蒙古朝贡活动的顺利推进、规范蒙古朝贡活动的有序发展，但其更为深刻的用意还在于以下几方面。

第一，明确蒙古王公贵族的身份等级差异，并据此设定在朝觐清朝皇帝时所应遵守不同的礼仪制度、享受不同级别的恩典赏赐等待遇，这其实就是在昭示清代蒙古朝贡法律制度在蒙古社会中的合法性地位。一方面，主宰清廷政权的满族统治者深谙蒙古民族的政治文化，了解黄金家族"汗权至上"的政治理念在整个蒙古社会中的崇尚地位，虽然黄金家族的政治实体在北元时期就已土崩瓦解，但是黄金家族的政治影响仍然能够左右全体蒙古人的政治态度倾向。于是，清代满族统治者首要笼络与重视的就是具有黄金家族政治血统的蒙古部族首领，尤其是对达延汗之后迁徙于漠南的属于成吉思汗直系后裔的漠南蒙古部族首领。况且，清朝能够定鼎中原这也与满族统治者极力与漠南科尔沁蒙古亲好而获得该蒙古部族大力相助有着非常关键的联系。源于此种满蒙民族之间的利害关系，清朝在制定蒙古朝贡法律制度时，就对漠南蒙古王公贵族的身份等级定位较高，与之相应的朝贡仪式更为隆重，朝贡赏赐更为丰厚。另一方面，清朝统治者也熟稔黄教信仰在蒙古族中的宗教能量，它既是统摄蒙古族人信念的思想武器，又是凝聚蒙古社会的政治力量。因此，清代蒙古朝贡法律制度不仅针对哲布尊丹巴呼图克图系统的朝贡规定单独设定，而且对于该宗教领袖的朝贡身份给予很高的等级设定，也享受着更为隆重的朝贡仪制与奢华赏赐待遇。如康熙朝时期规定：

哲布尊丹巴呼图克图来朝进贡，照科尔沁土谢图亲王例，到京日，内亲王、郡王、贝勒、贝子、公，内大臣以下、一品官以上，咸蟒袍补服，设茶于城外郊迎；回时，亦照此例郊饯。……哲布尊丹巴呼图克图到时，照科尔沁土谢图亲王例给予食物。其随来之台吉等，悉照内札萨克台吉等例给予食物。……赏给貂鞍一，备漆鞍马一，重五十两银茶筒一，茶盆一，黄蟒缎貂皮袍褂一袭，黄里貂皮端罩一件，黄蟒袍一件，靴、袜各一双，缎五十，布四百。①

可见，清代蒙古朝贡法律制度在朝贡等级和仪制方面的制度设计，是根源于满蒙之间特有的民族关系，是根源于蒙古社会的实际状况，正因为制度内容的规定能够适应满蒙民族各自的社会实际，才发挥了该法律制度具有针对性的调控效果。而能够代表整个蒙古社会政治倾向的黄金家族部落首领，以及牢牢把控着整个蒙古社会宗教信仰导向的哲布尊丹巴呼图克图系统，他们都承认清廷的封爵、履行朝觐、遵守仪制、接受恩典与赏赐，这无异于清代蒙古朝贡法律制度顺理成章地获得了在整个蒙古社会中的合法性政治地位，蒙古朝贡法律制度被普遍遵从与推行的社会条件得到满足。

第二，蒙古朝贡法律制度的内容中，不仅具体规定了每年特定的时期与节气为定期朝贡的时间，有序安排各个蒙古部落轮流来京朝贡的班次。如，对于内札萨克朝贡年班，顺治八年定为两班，而到雍正四年后则改为三班，到嘉庆时期甚至出现过因"人数众多，改定六班"的规定，对于外札萨克朝贡年班基本保持以四班之序轮流来京履行朝贡职责。② 而且，适应蒙古社会的实际条件与现实状况，对朝贡时必须携带的贡品都以蒙古社会现实常有之物为准。不仅如此，清代蒙古朝贡法律制度顺应蒙古诸部所在疆域的实际状况，划定他们各自明确有别的来京朝道。

清代蒙古朝贡法律制度中的这些详尽、明确的内容规定，一方面来自该法律制度的内容规定是为了积极适应蒙古社会的具体状况，蒙古诸部众多，只能按照他们具体所处地域的远近、贵族阶层人员的多寡，来安排朝贡时间和贡道分布，朝贡物品也主要是以当地社会物质条件来要求，另一方面说明，正是基于清廷统治者对蒙古社会具体状况的充分了解，这些制度安排不仅达到了清廷牢牢钳制蒙古社会经济发展需求得以满足的途径，即蒙古诸部只有按期前来朝贡，才能获得自身社会发展与民族生存所需的农业、手

① 赵云田点校：乾隆朝内府抄本《理藩院则例》，北京：中国藏学出版社，2006 年版，第 149 页.
② （清）会典馆编，赵云田点校：《钦定大清会典事例·理藩院》，北京：中国藏学出版社，2006 年版，第296—305 页。

工业产品，才能在有限制的贸易交换中实现畜牧业产品的经济价值与经济利益，而且有效配合了清廷对蒙古"分而治之"的政治策略，各个蒙古部族来京朝贡必须按照该法律制度所划定的固定贡道，这当然是清廷防止蒙古诸部彼此交往、互动甚至于最终联合一体而存有芥蒂的表现，但在客观上确实方便了蒙古诸部来京朝贡，减轻了蒙古诸部的社会经济压力与路途的花费。

第三，蒙古朝贡法律制度在具体内容中还设置了针对蒙古社会实际条件的可行性奖惩措施。该制度中的奖励尤其是物质馈赠与奖赏，不仅满足了蒙古王公贵族的物质欲望，而且还提供了畜牧业经济社会条件下极为稀缺与匮乏的生产、生活用品。当然，对于惩罚措施的安排多以罚俸、罚畜、鞭惩、革爵免职等具有财产性、资格型的法律措施为主。当然，在惩罚方式与程度标准上又多是根据蒙古地区的习惯与风俗来衡量。

以罚畜规定为例，就是因为蒙古地区主要是以游牧经济为基础，以畜牧业为经济支柱，与农耕经济有着显著区别，马、驼、牛、羊等牲畜是其赖以生存的最主要财产。罚畜即意味着对其生产工具与生活资料的剥夺，这对蒙古人来说要比中原法度中的徒刑、死刑更为严厉与严酷。清朝蒙古朝贡法律制度的惩戒机制只有针对于此，才能对蒙古地区的社会成员产生有力的规训，而且罚畜又多以蒙古社会中人们所习惯采用的"罚九制"为基准，又称"罪罚九数"。这是因为蒙古民族一向崇尚九，在献赠礼物时会以"九"起点，在进行罪罚时也常以"九"为基准。而这不仅是蒙古民族社会生活的文化，更是蒙古法制的传统。在蒙古统治时期，成吉思汗《大札撒》记载：盗马者，应归还原马匹，另赔偿同种马九匹。[1] 在《元史·刑法志》中也记载有：诸盗驼马牛驴骡，一赔九。[2] 可见，"罚九制"在蒙古社会由来已久。"罚九"，一般从"一九"至"九九"，当然后来逐渐演变为"罚七""罚五""罚三"等，以牲畜头、匹、只、峰等数为率，

---

① 吴海航著：《元代法文化研究》，北京：北京师范大学出版社，2000年版，第87页。

② 《元史》卷一百零四，北京：中华书局，1976年版，第2657页。

统称为"罚九制"。而清代蒙古朝贡法律制度对蒙古社会中的这一由来已久的法律惩戒标准也是积极适应、灵活应用，在《康熙会典》中对于蒙古人违反清廷律令包括不遵行清廷所立蒙古朝贡法律制度时，就规定了"罚九"条文："凡罚以九论者，马二匹，犍牛二头，乳牛二头，二岁牛二头，犊牛一头"。[①] 而后来，清朝蒙古朝贡法律制度又结合蒙古"罚九制"的演变，针对违反年节朝贡的行为，规定了符合蒙古社会中的惩戒标准。乾隆年间颁布的《蒙古律例》中就有如此规定：

> 不许先后贺年，如未贺年者，己未管旗王等罚一九牲畜，贝勒、贝子、公等罚七牲畜，台吉、塔布囊等罚五牲畜，平人罚马一匹，给见证人。[②]

可见，清代蒙古朝贡法律制度为了能够产生实效性的社会控制，必须要适应蒙古社会特有的具体现实，由此也就出现了该法律制度在惩罚措施上与中原地区规定犯罪的处罚大不相同的内容，但这却能更好地适应蒙古社会的实际状况与情境。所以，对于蒙古朝贡法律制度中的奖惩机制的特殊化规定，须要以一种社会角色互换的方式去理解。惩罚的标准与具体方式多以蒙古社会的现实状况为参照，这不仅是对蒙古民族的传统习俗和律法惯例做到必要尊重与充分考虑，而且有利于蒙古朝贡法律制度中的惩戒内容在蒙古社会中获得普遍的认知与了解，更便于扩散与传播蒙古朝贡法律制度的威慑力。

总之，正是清代蒙古朝贡法律制度在内容规定上能够很好地关注蒙古社会的实际状况与现实需要，能够切中要害地满足清廷统治的实际要求，并非一味地采取"厚往薄来"的政策，也并非单纯地依赖经济利益诱惑与物质拉拢的手段，而是善于运用对蒙古社会当地的生产方式与生存现状的熟稔与了解，善于把握蒙古社会发展的经济短

[①] 《大清会典》（康熙朝）卷一百四十五，载于沈云龙主编，《近代中国史料丛刊》第三编，728 册，台湾：文海出版社，总第 7079 页。

[②] 《蒙古律例》卷十，乾隆年间刊本。

板与民风民俗，以蒙古诸部现有的社会条件为依据，巧妙地形成了蒙古朝贡法律制度的激励与约束并驾齐驱的调控机制，实现了依靠朝贡路径对蒙古地区有序化的管理与强有力的控制，能够促使桀骜不驯的蒙古势力集团在清代以较为温和的方式归顺于中央政权。这就巩固了国家政权的统一，保障了西北边疆的安宁，促进了蒙古社会经济与文化的发展。

第二节 蒙古朝贡法律制度的局限性及其负面影响

就法的本质而言，法律既是统治阶级意志的反映又是社会物质生活条件的产物，法所代表的价值取向是以统治阶级的根本利益为准则，法所具有的基本内容是由统治阶级所在社会的物质生活条件决定。从这一本质意义上而言，清代蒙古朝贡法律制度当然是中国历史上的清朝封建统治阶层在利益选择与价值取向上的制度产物，是中国历史上清朝封建统治时代的社会物质生活条件的具体再现。因此，清代蒙古朝贡法律制度尽管适应了当时满蒙民族关系在政治、经济、文化等多个领域中的发展变化而具有较强的存在合理性，但是由于受封建统治阶级意志与当时所处时代的社会生产条件有关因素的影响，必然会使清代蒙古朝贡法律制度带有天然的历史局限性，也因为这种历史局限性决定了清代蒙古朝贡法律制度在历史剧变来临时，必然难逃没落、终止的历史命运，而由此对社会所产生的负面影响也是无法忽视的。

一、蒙古朝贡法律制度的局限性

像所有阶级社会中的法律制度一样，清代蒙古朝贡法律制度的形成与发展也是经由作为统治者的清王朝与作为被统治者的蒙古社会之间利益博弈的结果，但是最终的决定权始终掌控于清王朝的手中。因此，清代蒙古朝贡法律制度从其初步产生到逐渐完备的过程与内容中，无不是由代表着封建统治理念和价值取向的清王朝统治阶级意志所主导。作为中国封建历史传统下的社会控制手段，清代蒙古朝贡法律制度的历史局限性在本质上表现为封建统治集团自身所具有的阶级局限性。

（一）蒙古朝贡法律制度的阶级局限性

首先，清朝统治者创立蒙古朝贡法律制度的根本动机就是为了控制蒙古诸部而为己所用。在清朝政权还处于后金时期，威胁满族社会政权势力发展的外来压力主要是来自明朝，而当时实力依然强劲的蒙古诸部的存在并不是直指满族社会政权势力，而是自北元以来一直保持着与明廷长期的政治对峙与军事冲突。这无疑给满族统治者伺机寻找盟友提供了一个很好的历史契机。虽然，蒙古诸部中也有与满族政权势力发生战事摩擦的情形，但是比起明廷来势汹汹的正面打压与攻击而言，满族统治者更愿意选择对蒙古诸部示好，一是可以联合蒙古势力集团共同抗击明廷，使明廷成为满蒙各自政权势力集团的共同敌人，以此缓解明廷对满族政权打击的压力，二是可以以此扼制并分化蒙古诸部汇集的整体实力，从而达至防范蒙古诸部形成对满族政权有力的攻击性。而在《满文老档》中有关努尔哈赤时代和皇太极时代的记载表明，满族统治者极为热衷于与蒙古诸部尤其是漠南蒙古互送牛羊驼马，甚至是直接慷慨馈赠漠南蒙古首领要么是珍稀珠宝、要么是农业与手工业日常用品等。这绝不单纯是满族统治者对蒙古首领显示自身经济发展优越的表现，而是以此拉拢、吸引蒙古部族与满族政权势力的亲和、友好。饱受内部讧乱，经历与明争战的蒙古诸部当然对此欣然接受，并与满族政权势力修好与共，最典型的就是漠南蒙古在政治上拥戴满族统治者建立清朝，在军事上大力协助清军入关对明廷取而代之。

满族统治者看到了"厚往薄来"的策略在政治上的实惠效应，于是从顺治帝开始，清朝统治者就参古酌今，不仅积极吸纳历朝封建统治者运用朝贡体制系统怀柔周边少数民族的经验，而且根据清朝欲借蒙古之势巩固大清一统江山的目的，逐步把有关清廷与蒙古诸部之间这种以"厚往薄来"为特点的经济交往互动关系纳入到了清代民族法律制度机制之中，并且把蒙古朝贡法律制度的明文规定正式写入《理藩院则例》《蒙古律例》

等有关清朝统治边疆地区的官方法律文件中，清朝统治者以朝贡法律制度的方式首先能够控制的就是对蒙古诸部社会发展的经济命脉，使得蒙古王公的经济利益满足、当地社会的经济发展基本都依赖于通过来京朝贡而获得实现。清代蒙古朝贡法律制度从其形成、发展到完备的整个过程都是以满足清朝封建统治阶级欲以统治蒙古为目的。

其次，清代蒙古朝贡法律制度不仅维护中央封建统治秩序，而且强化了封建等级制度在蒙古地区内的进一步渗透。最为典型的就是确立蒙古朝贡王公贵族在身份、地位上的不同等级，明确因身份、地位等品秩等级的不同，而享有不同的礼仪待遇与经济利益的特权。这是清王朝按照蒙古贵族对清朝的效忠程度和功劳大小，依据他们在蒙古部族中原有地位的高低，分别授予以亲王、郡王、贝勒、贝子、镇国公、辅国公、四等台吉和塔布囊等爵位名号，以此替代蒙古封建主原来享有的称号，并且明确要求只有这些王公贵族才有资格行朝贡之礼、享朝贡之利，所以朝贡制度中有关身份等级的内容创制无非是清政府对效忠的蒙古王公贵族给予的一种特权和恩赏，这既是在彰显清廷皇帝"天下共主"的政治地位，又是在宣示蒙古诸部对清廷在政治上臣属的社会角色，还是对蒙古贵族阶层在身份等级上再重新调整与确认，这是典型的阶级划分手段。蒙古王公接受清廷在朝贡制度内容中的这些规定，即意味着承认自身的臣属地位，对于清廷中央而言，他们是朝子臣民，明确了清廷中央与蒙古诸部首领之间的统治与被统治的阶级关系。但同时，因为享有朝贡法律制度所授予的这些特权，无论从政治荣誉上，还是经济获益上，都使得这些蒙古王公在当地蒙古社会内部的阶级地位得以强化与保护，对蒙古地区而言，蒙古朝贡法律制度实际上更是在加强蒙古社会内部的权贵阶层与平民阶层的划分。当然，清朝统治者在设立蒙古朝贡法律制度时的初衷并非如此，他们希望的是通过蒙古朝贡法律制度确认并稳固蒙古的臣服，而之所以把蒙古王公的身份等级纳入该法律制度规定中，从本质上讲，还是为了满足清朝统治者的阶级意志。由于清代蒙古朝贡法律制度是为清朝统治者服务的，而清朝统治阶级本身就是封建等级统治秩序的维护者与继承者，受到三纲五常、君臣有序、贵贱尊卑等封建君主思想与政治伦理观念的熏染，必然会把君权至上、等级分明的封建统治理念付诸在清代蒙古朝贡法律制度的规定中，而是否强化了蒙古贵族的社会地位，并非是在这一制度安排中所必须考虑的。但客观上，该法律制度中这一有关身份等级的内容规定却具有同时强化清朝封建统治阶级的地位与蒙古王公贵胄的贵族阶级地位的双重效应。

总之，清代蒙古朝贡法律制度是清朝重要的国家法制内容，是为实现清朝统一蒙古、巩固清朝中央政权这一终极目标而服务的。无论从其产生的动机、发展的目的还是制定的具体内容，都是以封建统治阶级的根本利益需求为基准，所以，清代蒙古朝贡法律制度的阶级局限性是极为明显的。

（二）蒙古朝贡法律制度的时代局限性

清代蒙古朝贡法律制度是脱胎于古代中国封建王朝的朝贡体制，虽然在具体的制度内容中有奖惩有别的明确规定，而且在操作环节的制度设计上也更为注重"怀柔"与管理兼容并蓄的策略，但是朝贡体制本身所带有的"厚往薄来"的传统特征并没有发生绝对改变。这就要求清代蒙古朝贡法律制度的有效成立与实际推行依然必须要以雄厚的内在经济基础做后盾与支撑。

历史上，朝贡不乏因"慕义"而为之的，但在清代，蒙古诸部愿意接受对清廷的朝贡可能更多的是出于"慕利"的现实考虑，因为蒙古地区是以游牧经济为基础，畜牧业经济是其社会的产业支柱，只有与农业经济相结合，才能更好地促进蒙古社会经济的正常发展，才能够使蒙古社会的畜牧业经济产品实现流通价值，才能维持蒙古社会的有序生活。清朝入关后，清廷统治者即拥有了中原地区成熟的农业经济生产方式，这一生产方式为清朝国力发展提供了雄厚的经济基础，也为能够继续推行蒙古朝贡法律制度提供了必要的物质条件。清廷所拥有的农业经济对蒙古社会的畜牧业经济无疑具有巨大的吸引力和补充性。在农业经济形态下存在与发展的清代蒙古朝贡法律制度，只有凭借农业经济生产方式所提供的大量农业产品和手工业产品，才能够能够兑现该朝贡法律制度对蒙古诸部调控过程中所蕴含的"厚往薄来"相关规定，也才能由此获得蒙古诸部王公贵族遵守或积极接受朝贡法律制度对他们调整的物质吸引力。可见，从社会物质资料生产方式的角度看，清代蒙古朝贡法律制度能够在蒙古社会中得以顺利推行，源于该法律制度所处的农业经济文明优于蒙古社会当时的畜牧业经济发展，源于这个时代的农业经济发展能够提供该法律制度运行所需的物质成本。从这层面上来讲，与其说是清廷中央利用蒙古朝贡法律制度控制了蒙古社会的经济发展与政治格局，不如说是发达的农业经济文明吸引并征服了畜牧业经济。因为"中国古代北方游牧民族单一的畜牧业经济与中原的农业和手工业综合经济之间形成了密切的分工交换关系，北方游牧民族需要通过贸易获得中原地区的手工业产品及农产品"。①

由此可见，清代蒙古朝贡法律制度是以农业经济为内在基础，受农业生产方式的制约，依赖农业经济文明而发展，这是蒙古朝贡法律制度所处于的特定时代而决定的。也正因为如此，当清朝的传统农业经济对施行蒙古朝贡法律制度所需的物质成本无以复加甚至是难以支撑时，那么，该朝贡法律制度的推行力必然逐渐弱化，而因为不能继续充分满足蒙古诸部在该制度中所预期的经济利益与物质需求，也必然会弱化对蒙古诸部的吸引力甚至丧失控制力。在清朝后期，由于内忧外患，战事不断，大大地影响了国家农业经济的正常发展，加之西方工业经济形态的出现，东方农业文明面临着西方工业文明的挑战。清代蒙古朝贡法律制度赖以存在的农业文明不再具有优势，支撑该朝贡法律制度得以推行的物质条件不再具备，由于历史的变革，受农业经济时代的社会物质生产方式制约的蒙古朝贡法律制度，无法转换自身制度机制去迎合时代变化，而最终又被历史所否定与抛弃，这正是该法律制度所具有的时代局限性的集中表现。

可见，清代蒙古朝贡法律制度不仅以清朝封建统治阶级的根本价值取向为转移，还受到其所在社会中的物质资料生产方式的制约。产生于农业经济文明时代下的蒙古朝贡法律制度，必然随着农业社会的物质资料生产方式的发展而发展，也必将会因农业社会

---

① 札奇斯钦：《北亚游牧民族与中原农业民族间的和平战争与贸易之关系》，台北：正中书局，1977 年第 2 版，"序言"。

的物质资料生产方式遭到破坏而停滞不前。清代蒙古朝贡法律制度的时代局限性造就了其在历史发展中的必然命运。

二、蒙古朝贡法律制度的负面影响

清代蒙古朝贡法律制度是特定历史条件下的产物，由于受阶级局限性与时代局限性的限制，该制度所具有的消极化历史印迹也很明显。概括而言，清代蒙古朝贡法律制度的负面影响表现在以下几个方面。

首先，清代蒙古朝贡法律制度加重了对普通牧民的经济压迫与剥削。

在清代蒙古朝贡法律制度中，蒙古王公贵族于清廷而言虽然是朝臣子民，但是就整个清朝社会而言，他们仍然属于是封建统治阶层中的一部分，尤其是在蒙古社会内部，对于诸部属民而言，蒙古王公贵族就是蒙古诸部的统治者。为了表达对清廷的恭顺与忠诚，最重要的是获得丰厚的赏赐，蒙古王公对入京朝贡携带大批贡品极为热衷。这是因为，蒙古朝贡法律制度虽然始终秉承"厚往薄来"的原则，但对贡物多是按照其品质的良莠、质量的等次给予不同的折赏，而充当这些大批贡品的物资就来源于蒙古贵族向其所管辖的旗内属民进行盘剥。不仅如此，蒙古王公入京朝贡途中所用驼马、跟丁随从都是从旗内属民中摊派与抽取，虽然清廷对于沿途费用有所支应，但也都落入蒙古贵族之手。这无疑加重了当地旗内属民的经济负担与政治压迫，深化了作为统治阶层的清廷中央、蒙古贵族与作为被统治阶层的蒙古民众之间的阶级矛盾。

其次，清代蒙古朝贡法律制度客观上加速了蒙古贵族的腐化与堕落。

久居边塞的蒙古王公在饱受多年内乱与战争之后，接受对清廷的朝贡而获得奢华、安逸的富足生活，入京朝贡期间深切感受皇族贵戚的豪华，回到所管旗内也纷纷效仿，不仅大兴土木建构宏伟的王公殿宇以供自身享受，而且还对下层官吏及旗内属民制定了严格的礼仪和禁令，而对于蒙古社会的内在发展则是怠于钻研与筹谋。蒙古王公贵族的奢侈、腐化加剧了其统治的暴虐和对蒙古民众的残酷剥削。

最后，清代蒙古朝贡法律制度所代表的农业经济冲击了牧业经济的发展。

清代蒙古朝贡法律制度的实施，不仅密切了蒙古边疆与中原内陆的交流，也带动了蒙古社会经济的整体发展，而且还传播了中原内陆的劳动技术与文化思想。蒙古诸部通过代表农业经济发展优势的蒙古朝贡法律制度，不仅获得了来自农业社会的物质好处，而且也深深体会到了农业经济生产方式对蒙古的重要价值。因此，很多蒙古贵族及属民利用来京朝贡的过程，学习中原内陆以农业经济形态为主的农业生产和手工业生产技术，并且把这些农业生产方式与技术带回蒙古地区，在蒙古当地尝试开展农业与手工业生产。这就在客观上使蒙古地区的牧业经济受到一定的冲击。一些牧民不再专注于对牧业经济的经营与生产，而是把更多的利益眼光投入到初学得来的农业生产上。农业生产因需要占用大量耕地与充沛的水源，这就与蒙古地区需要大片牧场与草原的牧业经济形成矛盾，对牧业经济的充分发展造成一定的阻碍。而由于蒙古高原在气候与地形上都不适宜大面积地开展农业经济条件下的农耕生产，因此尽管先进的中原农业技术传播到蒙古地区，也因为没有良好的外在自然条件作为基础，而最终不可能实现在当时生产条件下彻底改变蒙古地区牧业经济的单一化弊端，相反，却阻碍了蒙古地区继续发展牧业经济的进程。从这一层面上而言，代表农业经济优势化状态的清代蒙古朝贡法律制度的实施，在一定程度上又对蒙古社会内部的牧业经济发展产生了一定的冲击与阻碍。

第三节　蒙古朝贡法律制度的历史性启示

清代蒙古朝贡法律制度是按照当时历史条件与阶级关系而设计的，那么，它必然具有无法自我超越的历史局限性，当面对历史剧变之时就只能如强弩之末一般，失去昔日对蒙古社会所具有的调控功能，因此，该制度在中国历史发展中留下的消极性负面影响是不可忽视的。

但同时，清代蒙古朝贡法律制度却因具有根植于当时蒙古社会实际的适应性，并且能够全面反映清朝时期蒙古民族地区自身的特点，于是在清代社会发展中产生了突出的正面效应，尤其是在调整当时社会状态下的满蒙民族关系的问题上，具有明显的积极作用。而这些对于处在法治时代背景下的当前中国社会而言，是富有颇多历史性启示的。

一、多民族国家应重视民族法治建设

清代蒙古朝贡法律制度的建立是基于多重社会原因所致，既有政治、经济方面的现实原因，也有文化传统方面的历史因素，但归根结底，该法律制度的建立是因为清朝的多民族社会关系，尤其是满蒙民族之间的关系对清朝政局的巩固、社会的稳定、边疆的安靖而言，具有明显的决定性与影响力。针对于此，清代蒙古朝贡法律制度在清朝的建立是极为必要的。该法律制度不仅有助于实现国家的统一、保障西北边疆国防的安全，从而为中原内陆与蒙古诸部的社会整体稳定发展与民众的安宁生活提供必要的外在政治环境。而且，该法律制度充分地蕴含了蒙古民族社会特有的经济、文化内涵，并把该民族社会的文化传统转化为蒙古朝贡法律制度的内容被纳入清朝国家法律体系中，既保证清廷对蒙古统治的法制统一，又体现并满足了蒙古民族社会的风俗习惯与发展要求。所以，清代蒙古朝贡法律制度作为清朝的民族法律制度实现了对蒙古社会强有力的调控效果，也由此实现了清代社会法制的统一性、清朝政权的统一化。

而当代中国依旧是一个多民族一体化的社会。在新的历史时期，法治中国已经成为当前我国社会的主旋律。社会管理方式、纠纷解决机制、人权保障体制等方方面面都必须坚持"依法而治"，整个社会发展都被纳入法治轨道，包括作为我国社会发展中的民族关系。多民族一体化的社会现实，决定了在当代中国的法治进程中，必须要把民族法律制度的建构作为重点纳入其中。不同民族在风俗习惯、居住地域、利益诉求、社会发展阶段等多个方面都因为具有一定的差异而产生了民族多样性，这些民族多样性本身就是法治社会发展应该予以关注的内容。法治的内涵就是围绕民主、自由、平等、秩序等多元价值，它以良好的法律制度为根基。而民族法律制度的建构正是在体现少数民族的多样性，它把少数民族的正当化利益与需求运用法律模式加以保障，把少数民族发展中的特殊化问题予以法制方式加以解决，并且运用法制保护并尊重少数民族的多元化文化传统。可见，民族法律制度的建构就是中国法治进程的重要组成部分，没有良好的民族法律制度构建就不可能很好地实现中国法治化的完整性，只有对民族关系、民族权益、民族纠纷等民族问题实现了在法制体系上的明确规定、有效实施、有力保护与救济，才能使民族问题得到法制化的解决，才能说我国的法治进程达到了全面发展的进程。

因此，民族法律制度的建构在我国当代社会具有极为显著的必要性，这既是我国多民族一体化的社会现实对民族法律制度发展与建立的诉求，又是中国法治进程全面发展的需要。只有重视民族法律制度的建构才能尊重并体现民族群体的多样性特点与要求，只有重视民族法律制度的建构才能具体诠释中国法治进程中的平等、自由、民主的价值内涵，才能真正有机协调与保障多民族一体化的社会稳定秩序。所以，在当代，多民族一体化的法治中国必须重视民族法律制度的建构。

二、构建与时俱进的民族法治体系

清代蒙古朝贡法律制度的发展与变化，既是随着清朝政权对蒙古统治的需要而变化与发展的，又是根据满蒙民族关系的变化与发展而得以不断补充与调整的，最终达到自身在法律内容上的完备化、在法律形式上的多样化、在法律实施操作上的有效化等发展成熟的表现。就法律制度本身而言，清代蒙古朝贡法律制度的发展总是需要根据清朝国家政权的发展而及时调整制度内容的相关规定，并适时通过对满蒙民族关系发展变化的新状况的适应与反馈而补充新的内容，还以蒙古社会的实际状况与条件设定相应的法律制度内容。由此，清代蒙古朝贡法律制度就具有了明显的社会适应性，而且因为该法律制度的规定内容来源于并且也适应于它所调整的民族关系与解决的社会问题，所以在实践中，该法律制度才能够产生对蒙古社会具有针对性的有效调控，才能最终满足并实现创制该法律制度的主体——清朝统治者的统治愿望。如果抛开法的阶级性问题，可以说清代蒙古朝贡法律制度实现了自身作为法律应有的价值与功能。这对于当代中国民族法律制度的发展来讲，是具有借鉴意义的。

我国的民族法治体系，是自中华人民共和国成立之后到现在一直保持着平稳的持续发展状态，无论是在制度体系的架构上，还是在相关理论的储备上，都可以说是已经处于较为成熟与完备的阶段了。但是，面对当前的社会改革与转型已经进入攻坚阶段的新时期，我国民族法治体系的制度发展也应该根据国家的需要与社会的转型而不断自我完善。结合清朝蒙古朝贡法律制度给我们的启示，可以总结得出：法律的社会适应性是其获得有用价值与有效功能的现实基础。

因此，当代民族法治体系的构建及发展就应该关注的是，始终坚持民族法治的发展目的与根本方向就是为了更好地维护我国多民族一体化社会的统一秩序、全面发展、和谐与共、协调进步而服务的根本立场，民族法治体系的完善性发展与创新化进步最终应与国家治理的现代化强国战略保持一致方向。

一方面，即使是在转型期的社会中，仍然需要对少数民族自身原有的民族文化与习俗保持必要的尊重与保护。简言之，只有充分展示并尊重少数民族群体自有的社会文化与历史背景，尤其是突出体现并有利于每个民族整体发展的自身文化精髓所在，才能创造出符合少数民族社会现实、满足少数民族权利欲求的更优良的民族法律制度。当前，我国正处于社会转型的阶段中，社会整体价值理念与个人价值观念都会发生复杂多样的变化甚至发生摩擦与碰撞，在新的价值理念还处于变动与自我调适之际，少数民族的自有文化就是民族法治体系完善与创新发展需要关切的现实问题。在当代中国的民族法制发展中，应该修正并避免在民族法制发展的内容与法治管理的手段上盲目追求一致化，否则不仅不利于维护民族法治体系的"良法"化权威构建，甚至还可能是在减损和破坏民族法制对多民族国家、多元民族文化的现代社会有效调控的正向功能与积极影响。

另一方面，在社会整体转型的过程中，民族法律制度与法治运行又需要更多地关注转型中的整体社会变化，凡是涉及民族关系、民族权益等问题的，都需要以发展变化的外在社会条件为依据，去关怀民族权益的新欲求，去解决民族关系发展中的新问题。凭借新的社会机制与更为先进的法律制度去确认、保护、救济关涉民族发展与民族利益的社会问题，并对来自不同民族群体在新形势下的新变化与新要求在民族法律制度的发展与法治运行的过程中给予及时的回应与有效的反馈，对于已经不合时宜的民族法律规定应该适时予以调整与变更。对于出现的新型民族权益与民族关系问题，而民族法律体系又在制度设计或具体规定上存在空白之处的，则应该及时予以查漏补缺，以回应现代社会治理实践的时代要求。由此，力求当代中国的民族法治体系构建与完善发展，不仅在制度规定上具有全面性与整体化的效应，而且有利于保障其在实际运行中发挥具有针对性、可操作性、务实性的最大化有效功能。

三、兼顾确定性与灵活性的民族法治运行机制

清代蒙古朝贡法律制度之所以在清朝统治蒙古社会的实践能够达到有效控制蒙古诸部，而且蒙古诸部也愿意接受朝贡法律制度对自身社会的调控，原因就在于该朝贡法律制度在具体制度规定上，合理地架构了其作为规则机制应有的确定性与灵活性特点的平衡状态。比如，对于最早归附的漠南蒙古，由于其与清廷关系最为密切，对清廷的臣服最为牢靠，所以朝贡制度对漠南蒙古的朝贡活动并不做苛求且特殊的要求，但是，却对漠北喀尔喀蒙古朝贡提出一些明确性的限制规定，如前来朝贡必须行贡"九白"之贡品。由此可见，清代蒙古朝贡法律制度在具体的法律规定上很好地协调了自身的确定性与灵活性，从而利于应对操作过程中的各种情况。这对于当代中国民族法律制度在具体制度内容的规定上，如何保障在实践操作环节中收获良好效果，提供了一个重要参考。

从法律必备的规则特征而言，民族法律制度的有效推行必须要以具有确定性的法律制度为前提，如此才能形成对民族关系调整的有效规制力与明确的示范性，从而保障依靠法治渠道对民族关系问题的稳定调控。因此，当代民族法治在具体制度的规定内容中

就应该详细、明确，以此才能保障操作中的针对性、实现民族事务管理的"有法可依"的确定性依据，从而保障确认相关民族权益、民族利益、化解民族纠纷等具体的法律活动能够具有可操作性与实际可行性，防止过多宣言式、纲要式的法律规定内容，这将不利于民族法律制度的具体实施与推行。这正是法的确定性特征对当代民族法治进一步完善的具体要求。

中国自古就是一个多民族一体化的国家，各个民族特有的民族性情与文化传统虽然经过漫长的历史发展过程，已经在不断融合甚至在某些方面趋于一致，但是这并不代表民族间的文化差异已经不复存在。相反，由于当代中国社会流动性程度随着经济快速发展而日趋活跃，少数民族成员的活动范围不再仅限于本民族的聚居区域，他们可能更多地与其他民族的社会成员生活在一起，这时少数民族成员所具有的民族文化特性就既有可能被同化，也有可能显得更为突出与明显。对于类似情况，民族法律制度要发挥有效保障少数民族成员的社会权益，就必须要具有因势利导的灵活性。否则，民族法律制度就如形同虚设，因为不具有对现实社会中的民族权益与利益的针对性、有效性的调整与保护，而丧失自身法律制度存在的权威性地位与现实性价值。因此，当代民族法治在具体的制度规定内容上，不仅需要依据变化的社会环境对民族权益保护做出适时调整与补充，而且还必须结合不同民族区域内部与民族成员自身特有的民族习惯、社会文化等，有针对性地创设相关法律制度。因为，法律制度的有用性与有效化的社会控制功能，更多的是需要来源于自身作为法律所必备的确定性与作为社会规范应有的灵活性之间的合理平衡，这即是弥合法律制度注重一般性规定与民族关系复杂多样的事实之间的距离。只有协调好民族法律制度的持续稳定与当前社会民族关系的变化发展之间的张力，才可能在最大程度上保障我国多民族一体化社会关系的和谐、社会秩序的稳定，才能体现民族法治运转促进并保障着法律的权威，才能实现民族法律制度作为调控民族关系的正当依据、作为解决民族问题有力抓手的良好法治化效果。

总之，在当代中国的法治进程中，依然无法回避多民族一体化的现实国情，依然要面对少数民族地区的社会权益与少数民族成员的个人权利。只有顺应社会发展与变化，更为注重在民族法治的制度内容设计上能够合理平衡法的确定性与灵活性特征，才能实现对我国多民族社会关系调控的法治化模式。重视当代中国民族法律制度发展与完善的构建，既是法治社会发展变化的必然结果，又是我国多民族一体化具体国情的内在需要。

参考文献

一、法规类

［1］《唐律疏议》，北京：中华书局，1983 年版。

［2］《大明律》，怀郊锋点校，北京：法律出版社，1999 年出版。

［3］《大清律例》，田涛、邓秦点校，北京：法律出版社，1999 年版。

［4］《钦定大清会典》，长春：吉林出版社，2005 年版。

［5］《钦定大清会典事例·理藩院》，（清）会典馆编，赵云田点校，北京：中国藏学出版社，2006 年版。

［6］《乾隆朝内府抄本〈理藩院则例〉》，赵云田点校，北京：中国藏学出版社，2006 年版。

［7］《钦定蒙古律例》，张羽新等主编《清朝安边治国民族立法文献汇编》卷十八，北京：中国民族摄影艺术出版社，2009 年版。

二、史料类

［1］《清初内国史院满文档案译编》（上、中、下），中国第一历史档案馆，北京：光明日报出版社，1986 年版。

［2］《蒙古族通史》，泰亦赤兀惕·满昌主编，沈阳：辽宁民族出版社，2004 年版。

[3]《清实录》，北京：中华书局，1985 年影印本。

[4]《满文老档》，中国第一历史档案馆、中国社会科学院历史研究所译注，北京：中华书局，1990 年版。

[5]《清季蒙古实录》，邢亦尘编，呼和浩特：内蒙古社会科学院蒙古史研究所出版，1981 年版。

[6]《八旗通志》，（清）鄂尔泰等修，长春：东北师范大学出版社，1989 年版。

[7]《清史稿》，赵尔巽等撰，北京：中华书局，1998 年版。

三、专著类

[1]《满族通史》，李燕光、关捷主编，沈阳：辽宁民族出版社，2001 年版。

[2]《清代通史》，肖一山著，北京：中华书局，1985 年影印本。

[3]《满族发展史初编》，滕绍箴，天津：天津古籍出版社，1990 年版。

[4]《满族的部落与国家》，刘小萌著，长春：吉林文史出版社，1995 年版。

[5]《清代蒙古史》，卢明辉著，天津：天津古籍出版社，1990 年版。

[6]《亲征平定朔漠方略》卷一，（清）温达等撰，北京：中国藏学出版社，1994 年版。

[7]《啸亭续录》卷一，（清）昭梿，北京：中华书局，1984 版。

[8]《古代蒙古法制史》，奇格著，沈阳：辽宁民族出版社，1999 年版。

[9]《清代蒙古社会制度》，［日］田山茂著，潘世宪译，北京：商务印书馆，1987 年版。

[10]《清代内务府》，祁美琴著，北京：中国人民大学出版社，1998 年版。

[11]《蒙古社会制度史》，［苏］符拉基米尔佐夫著，刘荣焌译，北京：中国社会科学出版社，1980 年版。

[12]《清代民族立法研究》，刘广安著，北京：中国政法大学出版社，1993 年版。

［13］《清至民国时期蒙古法制研究——以中央政府对蒙古的立法及其演变为线索》，乌力吉陶格套著，呼和浩特：内蒙古大学出版社，2007 年版。

［14］《中国民族法制研究》，苏钦著，北京：中国文史出版社，2004 年版。

［15］《北方民族史十论》，姚大力著，桂林：广西师范大学出版社，2007 年版。

［16］《中国民族史概要》，王钟翰著，太原：山西教育出版社，2004 年版。

［17］《中华民族多元一体格局》，费孝通著，北京：中央民族大学出版社，1999 年版。

［18］《中华民族凝聚力的形成与发展》，卢勋等著，北京：民族出版社，2000 年版。

［19］《民族事务管理制度》，史筠著，长春：吉林教育出版社，1991 年版。

［20］《清代中央国家机关概述》，李鹏年著，北京：紫禁城出版社，1989 年版。

［21］《清代国家机关考略》，张德泽编著，北京：中国人民大学出版社，1984 年版。

［22］《清代治理边陲的枢纽——理藩院》，赵云田著，乌鲁木齐：新疆人民出版社，1995 年版。

［23］《中国古代羁縻政策的演变》，彭建英著，北京：中国社会科学出版社，2004 年版。

［24］《清代的边疆政策》，马汝珩、马大正主编，北京：中国社会科学出版，1994 年版。

［25］《清代法制史》，张晋藩主编，北京：法律出版社，1994 年版。

［26］《清代法律制度研究》，郑秦著，北京：中国政法大学出版社，2000 年版。

［27］《中国法律的传统与近代转型》，张晋藩著，北京：法律出版社，1999 年版。

［28］《中国法律与中国社会》，瞿同祖著，北京：中华书局出版，1981 年版。

［29］《中国民族法制史论》，李鸣著，北京：中央民族大学出版社，2008 年版。

［30］《清代社会的慢变》，张研著，太原：山西人民出版社，2000 年版。

［31］《准噶尔史略》，杜荣坤等著，北京：人民出版社，1985 年版。

［32］《边疆的法律——对清代治边法制的历史考察》，杜文忠著，北京：人民出版社 2004 年版。

[33]《法人类学理论问题研究》，周相卿著，北京：民族出版社，2009年版。

[34]《社会变迁中的法律：穆尔法人类学思想研究》，李婉琳著，北京：中国人民公安大学出版社，2011年版。

[35]《通过法律的社会控制》，［美］庞德著，沈宗灵译，北京：商务印书馆，1984年版。

[36]《法理学——法律哲学与法律方法》，［美］博登海默著，邓正来译，北京：中国政法大学出版社，1999年版。

[37]《中国文化与中华法系》，陈顾远著，北京：北京政法大学出版社，1969年版。

[38]《法律社会学导论》，［英］罗杰·科特威尔，潘大松等译，北京：华夏出版社，1989年版。

[39]《清代内务府》，祁美琴著，沈阳：辽宁民族出版社，2008年版。

[40]《天朝礼治体系研究》，下卷：《朝鲜的儒化情景构造——朝鲜半岛与满清王朝的关系形态论》，黄枝连著，北京：中国人民大学出版社，1995年版。

[41]《中国礼文化》，邹昌林著，北京：社会科学文献出版社，2000年版。

[42]《清代民族政治研究》，余梓栋著，沈阳：辽宁民族出版社，2003年版。

[43]《明清蒙古史论稿》，达力扎布著，北京：民族出版社。2003年版。

[44]《明代漠南蒙古历史研究》，达力扎布著，呼和浩特：内蒙古文化出版社，1997年12版。

[45]《朝贡制度史论》，李云泉著，北京：新华出版社，2004版。

[46]《清代藩部研究——以政治变迁为中心》，张永江著，哈尔滨：黑龙江教育出版社，2001版。

[47]《清朝的国家认同》，刘凤云编，北京：中国人民大学出版社，2010年版。

[48]《清代蒙古的历史与宗教》，［日］若松宽著，马大正等编译，哈尔滨：黑龙江教育出版社，1994年版。

[49]《中国边疆与民族问题——当代中国的挑战及其历史由来》，张植荣著，北京：北京大学出版社，2005 年版。

[50]《边疆与民族——历史断面研考》，马大正著，哈尔滨：黑龙江教育出版社，1993 年版。

[51]《大国地方——中央与地方关系法治化研究》，熊文钊著，北京：中国政法大学出版社，2012 版。

[52]《中央与地方关系的研究》，薄贵利著，长春：吉林大学出版社，1991 版。

[53]《治理与善治》，俞可平著，北京：社会科学文献出版社，2000 版本。

[54]《中央—地方关系：中国制度转型中的一个轴心问题》，郑永年、吴国光著，香港：牛津大学出版社，1994 版。

[55]《分权的底线》，王绍光著，北京：中国计划出版社，1997 版。

[56]《政治的视野——政治哲学与中国社会》，韩水法著，北京：商务印书馆，2009 年版。

[57]《政府间关系：权力配置与地方治理》，马斌著，杭州：浙江大学出版社，2009 年版。

四、论文类

[1] 蔡志纯：《清朝理藩院掌管蒙古事务初探》，载《中国民主史研究》第 3 辑。

[2] 赵云田：《蒙古律例和理藩院则例》，载《清史研究》1995 年第 3 期。

[3] 赵云田：《清代的"围班"制度》，载《北京师范学院学报》1983 年第 3 期。

[4] 成崇德：《清代前期边疆政策通论》，载《清史研究》1998 年。

[5] 王钟翰：《理藩院与蒙古》，载《清史研究》1984 年第 3 期。

[6] 达力扎布：《"蒙古律例"及其与"理藩院则例"的关系》，载《清史研究》2003 年第 4 期。

[7] 牛文军：《近年来蒙古民族地方法制史研究评述》，载《内蒙古大学学报》2000 年第 5 期。

[8] 杨选第：《论清朝对蒙古地区的立法》，载《内蒙古师范大学学报》2000 年第 5 期。

[9] 杨选第：《从"理藩院则例"析清朝对蒙古地区立法特点》，载《内蒙古社会科学》2000 年第 2 期．

[10] 奇格：《清朝时代的蒙古法》，载《内蒙古大学学报》1996 年第 2 期．

[11] 徐小光：《蒙古立法在清代法律体系中的地位》，载《比较法研究》1990 年第 3 期。

[12] 郑秦：《清朝统治边疆少数民族区域的法律措施》，载《民族研究》1988 年第 2 期。

[13] 罗志田：《先秦的五服制与古代的天下中国观》、《夏夷之辩与道治之分》，载《学人》第 10、11 辑，江苏文艺出版社 1996、1997 年版。

[14] 罗志田：《后现代主义与中国研究："怀柔远人"的史学启示》，载《历史研究》1999 年第 1 期。

[15] 喻长森：《试论朝贡制度的演变》，载《南洋问题研究》2000 年第 1 期。

[16] 何芳川：《"华夷秩序"论》，载《北京大学学报》1998 年第 6 期。

[17] 周伟洲：《儒家思想与中国传统民族观》，载《民族研究》1995 年第 6 期。

[18] 晏子有：《清朝外藩封爵制度》，载《社会科学战线》1990 年第 2 期。

[19] 高丙中、章邵增：《以法律多元为基础的民族志研究》，载《中国社会科学》2005 年第 5 期。

[20] 张冠梓：《法人类学的理论、方法及其流变》，载《国外社会科学》2003 年第 5 期。

[21] 杨方泉：《法律人类学研究述评》，载《学术研究》2003 年第 2 期。

[22] 张永江：《论清代漠南蒙古地区的二元管理体制》，载《清史研究》1998 年第 2 期。

[23] 梁凯：《晚清华夏秩序的解体——兼论"朝贡"关系的终结》，载《社会科学研究》2000 年第 6 期。

[24] 刘小萌：《满族肇兴时期所受蒙古文化的影响》，载《社会科学战线》1994 年第 6 期。

[25] 奇文瑛：《满蒙文化渊源关系浅析》，王钟翰主编《满族史研究集》，中国社会科学出版社，1988 年 11 月。

[26] 李云泉：《朝贡制度的理论渊源与时代特征》，载《中国边疆史地研究》，2006 年第 3 期。

[27] 权赫秀：《中国古代朝贡关系研究评述》，载《中国边疆史地研究》2006 年第 3 期。

[28] 李宪堂：《大一统秩序下的华夷之辩、天朝想象与海禁政策》，载《齐鲁学刊》2005 年第 4 期。

[29] 庄国土：《略论朝贡制度的虚幻：以古代中国与东南亚的朝贡关系为例》，载《南洋问题研究》2005 年第 3 期。

[30] 李云泉：《宾礼的演变与明清朝贡礼仪》，载《河北师范大学学报（哲学社会科学版）》2004 年第 1 期。

[31] 李大龙：《关于藩属体制的几个理论问题——对中国古代疆域发展的理论解释》。载《学习与探索》2007 年第 4 期。

[32] 何平利：《明初朝贡制度析论》，载《学术界》1988 第 4 期。

[33] 沈春英：《略论清朝朝贡体系》，载《齐齐哈尔师范高等专科学校学报》2006 第 3 期。

[34] 祁美琴：《对清代朝贡体制地位的再认识》，载《中国边疆史地研究》2006 第 1 期。

[35] 红霞：《清代喀尔喀蒙古王公的朝觐制度述略》，载《内蒙古民族大学学报》（社会科学版）2010 第 3 期。

[36] 苏红彦：《试析清代蒙古王公年班的创立与发展》，载《内蒙古大学学报（人文社会科学版）》2007 年第 2 期。

[37] 佟佳江：《清朝统治蒙古的体制——八旗蒙古、外藩蒙古、内属蒙古》，载《内蒙古社会科学》1998 年第 6 期。

[38] 张双智：《清朝外藩体制内的朝觐年班与朝贡制度》，载《清史研究》2010 年第 3 期。

[39] 权赫秀：《中国古代朝贡关系研究评述》，载《中国边疆史地研究》2006 年第 3 期。

[40] 沈春英：《略论清朝朝贡体系》，载《齐齐哈尔师范高等专科学校学报》2006 年第 3 期。

[41] 郭成康：《清初蒙古八旗考释》，载《民族研究》1986 年第 3 期。

[42] 郭成康：《清朝皇帝的中国观》，载《清史研究》2005 年第 4 期。

[43] 马大正：《论噶尔丹的政治和军事活动》，载《民族研究》1991 年第 2 期。

[44] 余梓东：《论后金政权民族政策的形成》，载《满族研究》2002 年第 3 期。

[45] 陈安丽：《论康熙对蒙古政策产生的历史背景和作用》，载《内蒙古大学学报》1999 年第 3 期。

[46] 穆鑫臣：《试论清朝治理东蒙古的政策和措施》，载《内蒙古社会科学（汉文版）》2005 年第 36 期。

[47] 苏德：《清代前期民族关系探述——以清政府与蒙、藏、新等民族地方的政治关系为中心》，载《内蒙古师大学报（哲社）》2001 年第 2 期。

[48] 汤代佳：《青海厄鲁特蒙古与清朝早期关系述略》，载《青海民族研究》2001 年第 2 期。

[49] 梁丽霞：《17 世纪前后和硕特与准噶尔关系述评》，载《青海民族研究》2003 年第 1 期。

［50］留存宽：《17 世纪清俄与喀尔喀蒙古关系述略》，载《中国边疆史地研究》1993年第 3 期。

［51］齐木德道尔吉：《1640 年以后的清王朝与喀尔喀的关系》，载《内蒙古大学学报》1998 年第 4 期。

［52］汤代佳：《努尔哈赤时期科尔沁部与清政府的关系》，载《西北史地》1996 年第 4 期。

［53］袁森坡：《试论清代前期的多伦会盟》，载《清史论丛》第一辑，中华书局 1979年版。

［54］白洪熙：《皇太极绥服漠南蒙古及其作用》，载《社会科学辑刊》1997 年第 4 期。

［55］阎崇年：《清廷满洲初期文化满蒙二元性解析》，载中国紫禁城学会论文集，第二辑。

［56］黄木、吴克娅：《中国古代少数民族朝贡初探》，载《青海民族研究》2001 年第 4 期。

［57］徐杰令：《朝觐礼考》，载《求是学刊》2002 年第 3 期。

［58］郭成：《服务型与管制型治理模式的比较分析》，载《成都行政学院学报》2016 年第 2 期。

［59］樊继达：《央地关系重塑：从政府职能配置的角度生发》，载《行政管理改革》2012 年第 7 期。

［60］黄文艺：《认真对待地方法治》，载《法学研究》2012 年第 6 期。

［61］王锡锌：《地方治理的"在地化"与国家治理能力建设》，载《中国法律评论》206 年第 1 期。

［62］陈天祥：《中国地方政府制度创新的利弊分析》，载《天津社会科学》2002 年第 2 期。

［63］郭小聪：《中国地方政府制度创新的理论：作用与地位》，载《政治学研究》2000年第 2 期。

[64] 张紧跟：《府际治理：当代中国府际关系研究的新趋向》，载《学术研究》2013 年第 2 期。

[65] 薄贵利：《中央与地方权限划分的理论误区》，载《政治学研究》1999 年第 2 期。

五、相关博士学位论文：

[1] 石元蒙：《明清朝贡体制的两种实践（1840 年前）》，暨南大学，2004 年博士学位论文。

[2] 李文君：《明代西海蒙古史研究》，中央民族大学，2004 年博士学位论文。

[3] 于默颖，《明蒙关系研究——以明蒙双边政策及明朝对蒙古的防御为中心》，内蒙古大学，2004 年博士学位论文。

[4] 黑龙：《噶尔丹统治时期准噶尔与清朝的关系研究》，内蒙古大学，2005 年博士学位论文。

[5] 白初一；《清太祖时期满蒙关系若干问题研究》，内蒙古大学，2005 年博士学位论文。

[6] 宝音初古拉：《察哈尔蒙古历史研究》，内蒙古大学，2006 年博士学位论文。

[7] 李秀梅：《清朝统一准噶尔史实研究——以高层决策研究为中心》，中央民族大学，2006 年博士学位论文。

[8] 马啸：《17 至 18 世纪清政府与蒙藏地区政治互动模式研究》，西北师范大学，2008 年博士学位论文。